Norbert Reck

Der Jude Jesus und die Zukunft des Christentums

Norbert Reck

Der Jude Jesus und die Zukunft des Christentums

Zum Riss zwischen Dogma und Bibel
Ein Lösungsvorschlag

Matthias Grünewald Verlag

*Gewidmet ist dieses Buch
dem Andenken meines Lehrers im Alten Testament,
Manfred Görg (1938–2012).
Seinem kritischen Blick
hätte ich es gerne ausgesetzt.*

Für die Verlagsgruppe Patmos ist Nachhaltigkeit ein wichtiger Maßstab ihres Handelns. Wir achten daher auf den Einsatz umweltschonender Ressourcen und Materialien.

3. Auflage 2021
Alle Rechte vorbehalten
© 2019 Matthias Grünewald Verlag
Verlagsgruppe Patmos in der Schwabenverlag AG, Ostfildern
www.gruenewaldverlag.de

Umschlaggestaltung Finken und Bumiller, Stuttgart
Abbildung im Innenteil S. 97:
© Mr Fish (Dwayne Booth), www.clowncrack.com
mit freundlicher Genehmigung des Künstlers
Autorenfoto: Privat. Alle Rechte vorbehalten
Gestaltung, Satz und Repro: Schwabenverlag AG, Ostfildern
Druck: GGP Media GmbH, Pößneck
Hergestellt in Deutschland
ISBN 978-3-7867-3180-1

Inhalt

Vorwort 7

1. Skizze einer Krise 9
2. Alles ist Geschichte 18
3. Ein Riss 39
4. Auf der Suche nach Bedeutung 67
5. Nur Diskurse. Nur? 100
6. Die Diskurse der Narrative 122
   Der Gott des Exodus 127
   Opfer 139
   Messias 146
   Der Gang über den See 152
7. Nicht aufhören zu erzählen 168

Zitierte und erwähnte Literatur 180

Personenregister 187

Zum Autor 189

Vorwort

Der vorliegende Essay geht der Frage nach, warum der christliche Glaube in Westeuropa sich immer schwerer erzählen lässt und warum immer mehr Menschen dem Christentum den Rücken kehren. Ich vertrete darin die These, dass diese Krise nicht in der mangelnden Selbstdarstellung des Christentums wurzelt, sondern in der Theologie: in ihrem Zurückschrecken vor der jüdischen Identität Jesu seit dem Beginn der Moderne – mit weitreichenden Konsequenzen.

Wie die Dinge meiner Ansicht nach zusammenhängen, werde ich auf den folgenden Seiten Schritt für Schritt zeigen: von der Frage der Autonomie der Menschen in der Moderne (Kapitel 1) zu den Veränderungen seit der Zeit der Aufklärung (Kapitel 2), von ihren Auswirkungen auf die Theologie (Kapitel 3) bis zum Problem der christlichen Judenfeindschaft (Kapitel 4).

Helfen kann in dieser Situation das theologisch noch weithin unaufgearbeitete Denken von Michel Foucault, das die kritischen Impulse der Aufklärung aufgreift, aber weit über deren Grenzen und Schieflagen hinausgeht (Kapitel 5). Wie mithilfe von Foucaults Diskursanalyse biblische Texte und Grundbegriffe neu zum Sprechen gebracht werden können, versuche ich im Anschluss zu zeigen (Kapitel 6). Und zuletzt komme ich zurück auf die Ausgangsfrage nach der verlorenen Erzählbarkeit des christlichen Glaubens (Kapitel 7).

Statt einer weit ausgreifenden Untersuchung habe ich lieber einen Essay geschrieben, um meine These ohne große Umschweife auf den Punkt zu bringen und nicht in einer

Vielzahl von Belegen zu vergraben. Die Darstellung beschränkt sich deshalb auf wenige sprechende Beispiele, »Probebohrungen« in verschiedenen Schichten der christlichen Geschichte. Die Versuchung war zwar immer wieder groß, noch weiteres interessantes und aufschlussreiches Material aufzunehmen, aber ich habe mich bemüht, ihr zu widerstehen und die Literatur auf ein Minimum zu beschränken.

Das Buch hat eindeutig eine katholische Schlagseite – aus dem einfachen Grund, dass sie meine Seite ist, die ich entsprechend besser kenne. Trotzdem habe ich nach Kräften auch Beispiele aus dem Protestantismus herangezogen, wo bekanntlich die Probleme nicht geringer sind.

Weiterdenken – zumal kritisches – ist ausdrücklich erwünscht. Ich bin nicht daran interessiert, Applaus zu ernten, sondern daran, dass die angesprochenen Probleme klar gesehen und diskutiert werden. Dazu will dieser Essay eine Anregung sein.

Vielen Freundinnen und Freunden, geschätzten Kollegen und Kolleginnen, verehrten Lehrern habe ich zu danken für Ermutigung und Kritik, beharrliches Nachfragen, was denn mit meinem Buch nun sei, für kritische Durchsicht einzelner Kapitel, Hinweise auf Literatur und intensive Diskussionen. Weil ich der Meinung bin, für meine Überlegungen selbst einstehen zu sollen, werde ich sie nicht namentlich aufzählen. Allzu leicht könnte der Eindruck entstehen, ich wollte mich mit ihren Namen schmücken und mit ihrer fachlichen Autorität dem Buch zusätzliches Gewicht geben. Das erschiene mir unpassend. Meine Dankbarkeit für ihre Unterstützung ist darum nicht geringer.

Kapitel 1
Skizze einer Krise

Zum Erstkommunionsunterricht bekamen wir vom Pfarrer ein Heft mit Bildern zum Ausmalen, mit kleinen Erzählungen über Jesus, über Brot und Wein sowie mit Lückentexten, in die wir die entscheidenden Begriffe eintragen sollten. Ich mochte das Heft; es war bunt und freundlich. Auf einer der ersten Seiten stand groß geschrieben »Zum Kommunionsunterricht kommen wir ...«, und darunter waren drei Zeichnungen sowie jeweils ein Wort, das den angefangenen Satz zu Ende führte. Das erste Bildchen war ein Abreißkalender, und daneben stand »... regelmäßig«, das zweite zeigte eine Uhr (»pünktlich«), und als drittes war da ein lachendes Jungengesicht (»gerne«).

Ich sah mir diese Seite oft an, während der Pfarrer redete, und dachte verträumt über den Zusammenhang zwischen den Bildern und Wörtern nach. Den dritten Punkt fand ich am merkwürdigsten. Ich fragte mich, ob so ein breit lachendes Gesicht eine gute Illustration für »gerne« war, und fand es ein bisschen übertrieben. Und noch etwas stimmte nicht: Es schien mir zwar in Ordnung, dass man zur regelmäßigen Teilnahme am Unterricht und zum pünktlichen Erscheinen aufgefordert werden konnte. Aber ob ich gern oder ungern kam, war in meinen Augen nichts, was man mir vorschreiben konnte.

Es empörte mich nicht; ich nahm es einfach zur Kenntnis. Aber ich spürte, dass hier ein Bereich berührt wurde, der der Kontrolle durch andere entzogen war. Ich spürte einen Funken von Autonomie. Vielleicht sind mir deshalb meine Gefühle aus dieser Zeit so stark in Erinnerung geblieben.

Offenbar dachte die Religionspädagogik damals noch, dass man mit solchen Bildern und Worten auf Kinder einwirken könne. Es war die Zeit nach dem Zweiten Vatikanischen Konzil; ich erinnere mich daran als eine helle Zeit. In mein Gedächtnis kommen Bilder von Frühlingssonne und den weißen Kommunionkleidern der Mädchen, vom Rasen vor der Kirche, wo wir uns manchmal hinsetzten und unserem jungen, munteren Pfarrer zuhörten. Die Gemeinde war eine Neugründung; die Liturgiereform des Konzils galt in ihr von Anfang an. Aufbruchsstimmung lag in der Luft. Sonntags war die Kirche immer voll. Hinter den Bänken standen regelmäßig einige Spätergekommene, die keinen Sitzplatz mehr fanden. Der Pfarrer predigte vor Hunderten von Menschen, leidenschaftlich, eindringlich.

Wenn ich heute in meinen Heimatort komme, höre ich von meinen Tanten, die dort immer noch zur Kirche gehen, dass die Zahl der Gottesdienstbesucher auf ein Grüppchen von zwanzig bis dreißig Leuten zusammengeschrumpft ist. Erstkommunionfeiern und Firmungen finden nur noch statt, wenn genügend Kinder zusammenkommen, damit der Aufwand sich lohnt.

Als ich später Theologie studierte, war es noch einmal ähnlich. Die Vorlesungen fanden zwar nicht in vollen, aber doch immer noch gut gefüllten Hörsälen statt. Heute treffen sich die wenigen Studenten in Seminarräumen, sitzen mit ihren Dozenten an einem Tischkreis. Priesteramtskandidaten gibt es nur wenige. Es lohnt sich nicht, jedes Jahr eine Priesterweihe anzusetzen.

Wie dramatisch sich die Lage verändert hat, ist sicher allen bewusst, die noch Kontakt zur Kirche haben. Im Jahr 2017 gehörten noch 58,3 Prozent der deutschen Bevölkerung einer christlichen Kirche an. Und von ihnen nimmt nur ein kleiner

Teil aktiv am Gemeindeleben teil. In den meisten anderen westeuropäischen Ländern sieht es ähnlich aus.

Ganz anders ist es auf der Südhalbkugel der Erde. Dort wächst das Christentum und verändert sich dabei stark. Es ist – wie Felix Wilfred, einer der führenden Theologen Asiens, erzählt – jünger, pluralistischer, aufgeschlossener für die spirituellen Wege der Einzelnen, mehr am Hier und Jetzt interessiert als am Ewigen. Es hat eher Bewegungscharakter, tritt weniger als festgefügte Institution in Erscheinung. Wichtig sind nicht so sehr die Vorgaben des Katechismus, sondern die Erfahrungsaspekte des Glaubens und das dringende Anliegen, »das Christentum zu einer Praxis zu machen – zu einer Praxis des Gottesreichs« (6).

Auf der Nordhalbkugel herrscht in den betroffenen Gebieten dagegen zunehmend Ratlosigkeit angesichts des Massenexodus aus den Kirchen. Die großen Narrative von Europa als *dem* Kontinent der Christenheit sind zerbrochen wie die Christenheit selbst; das Ersatz-Narrativ von der »kleinen Herde«, die treu an der unverfälscht überlieferten Lehre festhält, ist kein Trost für diejenigen, die in den Kirchengemeinden mit dem alltäglichen Schwund zurechtkommen müssen.

Natürlich gibt es allerorten Debatten darüber, wie mit Priestermangel, versiegenden Finanzströmen und dem wachsenden Desinteresse am Christentum produktiv umgegangen werden kann, mit welchen Strategien der Mangel zu verwalten ist und mit welchen Botschaften, mit welchem Erscheinungsbild wieder mehr Menschen angesprochen werden könnten. Vieles wurde inzwischen versucht, auch Sinnvolles auf den Weg gebracht, aber letztlich konnte nichts davon die Situation grundlegend ändern.

Der liberale Reflex – Popmusik im Gottesdienst, jugendlichere Sprache, Lockerung der Regeln, Versuche der Annäherung an den Zeitgeschmack – hat ebenso wenig bewirkt wie der konservative Reflex: die entschiedene Rückkehr zu den klassischen kirchlichen Traditionen und Theologien. Was einmal abgestorben ist, kann nicht wiederbelebt werden. So wie man heute keine gotischen Kathedralen mehr bauen kann, kann man auch die – durchaus ehrfurchtgebietenden – theologischen Systeme des Hochmittelalters oder der Reformationszeit nicht einfach als Theologie für unsere Zeit restaurieren. Zudem findet sich im Christentum früherer Zeiten nicht nur Glanz und Herrlichkeit, sondern auch allzu viel Autoritäres, Judenfeindliches, Fetischistisches, als dass man sich wirklich dorthin zurücksehnen könnte.

Auch die Hoffnung auf eine »Trendumkehr«, nach der alles wieder »wie früher« werden könnte, oder die Erwartung, dass ein unbeeindruckt-tapferes »Weitermachen wie bisher« irgendwann mit neuer kirchlicher Stabilität belohnt würde, dürfte kaum realistisch sein. Denn der Mitgliederschwund, der massenhafte Auszug aus den verfassten Kirchen, ist kein oberflächlicher, momentaner Trend, sondern eine Tiefenströmung mit jahrhundertealten Wurzeln, die viel mit dem zu tun hat, wie wir selbst uns heute sehen, wie wir arbeiten, wie wir leben, welche Ziele wir haben.

Das Denken der Aufklärung, das Verblassen der Angst vor der Hölle, die Industrialisierung, Landflucht und Verstädterung, der Wandel von Groß- zu Kleinfamilien, die Flexibilisierung in der Arbeitswelt, die Etablierung von Demokratien, die Möglichkeit, das eigene Leben individuell entwerfen zu können – all das sind Stichworte, die andeuten, dass sich das Rad dieser Entwicklung nicht mehr zurückdrehen lässt. Man mag diese Veränderungen begrüßen oder beklagen, aber man wird mit ihnen leben müssen. Auch Sportvereine, Gewerkschaften oder Parteien müssen damit klarkommen, dass die Leute sich kaum noch auf feste Mitgliedschaften einlassen.

Andere sehen die Wurzel des Problems darin, dass viele heute kaum noch wissen, worum es im christlichen Glauben eigentlich geht. Deshalb setzen sie auf »Neuevangelisierung«

und Bildungsarbeit, halten Glaubenskurse und schreiben Bücher. Auf dem Buchmarkt erscheinen in immer schnellerer Folge Darstellungen der christlichen Glaubensinhalte und kirchlichen Lehren, Reflexionen über die Bedeutung des Glaubens in der »heutigen Zeit«. Sie bieten »Argumente für die Torheit vom gekreuzigten Gott«, wollen erläutern, »Was wir glauben«, sprechen »Vom Sinn und Nutzen kirchlicher Lehre«, liefern »Grundwissen Christentum«, damit Interessierte »Den christlichen Glauben verstehen«. Und immer so weiter.

Die Autoren und Autorinnen dieser Werke haben verstanden, dass die Kommunikation zwischen dem Christentum und »der Welt« gestört ist; sie versuchen deshalb, in die Bresche zu springen und neue Zugänge anzubieten. Liegt aber die Ursache der Probleme tatsächlich im mangelnden Wissen? Oder ist nicht auch das eher ein Symptom? Nachgefragt werden diese Bücher und Kurse jedenfalls hauptsächlich von denen, die sich noch als kirchlich verstehen und gerne mehr wissen möchten – nicht aber von den Glaubensfernen. Auf die Absetzbewegung vom Christentum jedenfalls bleiben auch diese Bemühungen – so wertvoll sie für sich genommen sein mögen – ohne messbaren Effekt.

Indessen gibt es noch einen anderen Aspekt. Gelegentlich treffe ich mit Pastoralassistentinnen, Pfarrern, Religionslehrerinnen und Hauptamtlichen in der katholischen Bildungsarbeit zusammen, die sich auf Tagungen darüber austauschen, wie sie weiterhin eine Botschaft verkündigen können, die viele Menschen nicht mehr zu brauchen scheinen. Sie stellen fest, dass selbst viele treue Gemeindechristen mit dem traditionellen christlichen Vatergott nichts mehr anfangen können, dass ihnen Jesus als »Sohn Gottes« fremd ist und die sogenannte »Gottesfrage« keine Frage mehr ist, die diese Menschen tatsächlich haben. Angesichts dessen fällt es diesen kirchlichen Mitarbeitern und Bildungsverantwortlichen im-

Skizze einer Krise

mer schwerer, die traditionelle Theologie den Menschen als Antwort auf ihre Fragen anzudienen. Sie fühlen sich zerrissen zwischen der Treue zur christlichen Tradition und der Treue zu den Menschen. Und es fällt ihnen oft selbst schwer, das zu glauben, was sie meinen, vertreten zu müssen.

Mir scheint, dass die Erfahrungen dieser engagierten Kirchenmitarbeiter den Nerv der Situation sehr viel genauer treffen als die Reformer aller Richtungen. Es geht nicht um eine bessere Verpackung – es geht um den Inhalt. Es geht nicht darum, hier und da etwas am kirchlichen Marketing zu verbessern, sondern um etwas Radikaleres, vor dem bislang noch viele zurückschrecken: nämlich zu fragen, ob die christliche Theologie noch »stimmt«, ob sie unter den veränderten Bedingungen unserer Zeit noch die richtigen Antworten auf die Fragen der Menschen hat – und zwar nicht im Sinne einer geschmeidigeren Anpassung an den Zeitgeschmack.

Um nicht missverstanden zu werden: Damit will ich keineswegs andeuten, dass die Botschaft des Jesus von Nazaret nicht mehr stimmt, nicht mehr in unsere Zeit passt. Ich denke sogar, dass das Gegenteil der Fall ist. Die radikale Frage betrifft vielmehr das, was aus dieser Botschaft im Rahmen des kirchlichen Lehrgebäudes geworden ist – also in unseren Interpretationen, in der Verkündigung, in der Theologie. Gibt die Theologie diese Botschaft noch treffend und lebensnah wieder?

Felix Wilfred denkt ebenfalls, dass die Krise der Kirche viel mit ihrer Theologie zu tun hat. Von Indien aus beobachtet er die Veränderungen des Christentums im Süden wie im Norden und meint, dass die »fruchtlosen und selbstverliebten Theologien des Nordens« (16) für die Krise des europäischen Christentums mitverantwortlich sind. Mit ihren anspruchsvollen Richtigkeiten tragen sie beständig zu einer »intellektualisierenden Bekenntnisidentität des Christentums« (6) bei, anstatt ein Christsein zu entwerfen, das nicht in erster Linie korrektes Denken ist, sondern ein *Weg*, in dieser Welt lebendig und solidarisch zu leben.

Dem will ich in den folgenden Kapiteln nachgehen und brauche dafür einen etwas weiter gesteckten historischen Rahmen: Was wurde aus der christlichen Theologie seit der Aufklärung? Wie hat sie sich verändert inmitten der Veränderungen des Denkens und der Lebensverhältnisse in Europa? Wie steht es um ihre Fähigkeit, die realen Sorgen ihrer Zeit zum Thema zu machen? Mir scheint, wir brauchen einen Blick auf die gesamte Moderne, wenn wir erkennen wollen, was in der Geschichte zu den heutigen Schwierigkeiten beigetragen hat, und wenn wir herausbekommen wollen, wie unsere »fruchtlose« Theologie wieder fruchtbar werden kann.

Das Paradigma, in dem sich die hier verhandelten Fragen ebenso wie unsere Zeit insgesamt bewegen, ist das der Transformation. Zwar beklagen sich viele Christinnen und Christen in Europa über den Stillstand in den Kirchen, doch tatsächlich befinden wir uns seit Längerem schon in einem tiefgreifenden Prozess der Veränderung. Kaum etwas, was heute das Bild des Christentums ausmacht, war vor hundert Jahren in den Kirchen bereits üblich, und kaum etwas davon wird am Ende dieses Jahrhunderts noch existieren. Manche denken dabei an Verfall und Niedergang, aber es ist durchaus möglich, darauf mit Hoffnung zu blicken. In jeder Transformation steckt beides.

Als ich nach einem Bild für diese Prozesse suchte, dachte ich daran, dass man die Kirche – zugegebenermaßen etwas naturalistisch – mit einer Raupe vergleichen könnte: Diese Raupe, imposant, schillernd und in bestimmtem Licht sehr schön, hat sich über viele Jahrhunderte bestens von dem ernährt, was die Menschen ihr als »Zehnt« abzugeben hatten. Im 19. Jahrhundert erschienen die Veränderungen der Umwelt so bedrohlich, dass die Raupe sich verpuppte, um sich zu schützen. Wie tot, unveränderlich, starr überdauerte die

Puppe lange Zeit. Seit den 1960er-Jahren – genauer: seit dem Zweiten Vatikanischen Konzil – bekommt der Kokon Risse (drinnen rumorte es schon länger). Viel ist noch nicht zu sehen, der Panzer ist noch nicht gesprengt. Es braucht Zeit. Wie der Schmetterling einmal aussehen wird, wenn er seine Flügel ausbreitet, um loszufliegen, ist noch nicht erkennbar. Die Kräfte der Beharrung, die die Kirche in der alten, ausgetrockneten Hülle zurückhalten möchten, sind weiterhin stark. Auch die Angst vorm Fliegen ist noch immer groß. Und es ist durchaus möglich, dass das neue, transformierte Christentum in seinem alten Panzer steckenbleibt und verendet, bevor es sich daraus befreien kann.

Auch Felix Wilfred sieht das Christentum in einem bedeutenden Prozess der Transformation. Für ihn stehen dabei ebenfalls hoffnungsvolle Aspekte im Vordergrund. So sieht er in den vielen Hunderttausenden von Kirchenaustritten in Europa nicht unbedingt ein Zeichen des Verfalls, sondern hält es für möglich, dass sie bereits den Keim einer anderen Zukunft in sich tragen: »Was beispielsweise wie eine Abwanderung aus den Kirchen aussieht, könnte in Wirklichkeit eine Suche nach neuen Kirchen sein, die erst noch entstehen müssen und deren Beschaffenheit sich schwer voraussagen lässt« (17).

In jeder Transformation steckt beides: Ende und Neubeginn. Um das zu erkennen, muss man sehen lernen wie Felix Wilfred: Er erblickt in einem Kirchenaustritt nicht bloß einen Abfall vom rechten Glauben, sondern auch – möglicherweise – die Suche nach etwas Neuem, das besser zu den Betreffenden passt und ihnen ermöglicht, mehr mit sich selbst übereinzustimmen.

Um so sehen zu können und die Chancen, die in dieser Sichtweise liegen, zu entdecken, ist es allerdings unabdingbar, den persönlichen Entscheidungen der Menschen mit echtem Respekt zu begegnen. Es braucht ein Gespür für jenen Bereich in den Menschen, der absolut unverfügbar und jeder

Kontrolle durch andere entzogen ist. Die Kirche hat sich oft über diesen Bereich hinweggesetzt, im Vertrauen darauf, das Wohlverhalten der Menschen auch ohne deren freie Zustimmung erzwingen zu können. Heute ist das nicht mehr möglich, denn die Kirche verfügt nicht mehr über die entsprechenden Machtmittel und wird sie auch nicht mehr wiedergewinnen.

Das war ja mein Erlebnis als Kommunionkind: dass man mich vielleicht zur Anwesenheit im Unterricht anhalten, dass aber keine Macht der Welt mich dazu bringen könne, »gerne« dabei zu sein. Ob ich etwas gerne tat oder nicht, war allein meine Sache. Zumindest in dieser Hinsicht war ich frei. Und ich denke, diese Erfahrung machen – mehr oder weniger deutlich – alle Menschen in der Moderne.

Ob das Christentum eine Zukunft hat, wird, so scheint mir, entscheidend davon abhängen, ob die Kirchen und christlichen Bewegungen begreifen, dass diese punktuelle Autonomie der Menschen nicht nur unhintergehbar, sondern vor allem auch etwas über alle Maßen Schätzenswertes ist – der Ort des Glaubens selbst. Wenn sie es nicht begreifen, werden sich die Menschen in der Zukunft anderen Gemeinschaften und Projekten zuwenden.

Skizze einer Krise

Kapitel 2
Alles ist Geschichte

Die Entdeckung der Autonomie der Einzelnen, die – wie begrenzt sie auch immer sein mag – übergangen, aber nicht beseitigt werden kann, die Entdeckung, sich des eigenen Verstandes bedienen zu können und sich von niemandem vorschreiben lassen zu müssen, was man zu denken und zu empfinden hat – all das gehörte zum innersten Kern der Aufklärung, zum großen Aufbruch des westlichen Selbstbewusstseins im 18. Jahrhundert.

Die Vernunft war dabei zwar bedeutsam, aber nicht unbedingt das wichtigste Stichwort. Die meisten Aufklärer hielten vom Rationalismus so wenig wie vom Irrationalismus. Sie sahen den Philosophen der Aufklärung vielmehr als *Kritiker*, als jemanden, »der Vorurteile, Überlieferung, generellen Konsens, Autorität, kurz: alles mit Füßen tritt, was die meisten Geister versklavt, der es wagt, selbst zu denken«, wie es in der berühmten *Encyclopédie* von Diderot und d'Alembert heißt. Darin drückte sich – noch lange vor der Französischen Revolution von 1789 – ein bürgerlicher Stolz aus, der sich allmählich auch auf das gesellschaftliche Klima vor allem in Frankreich, Großbritannien, Deutschland, Italien und den USA auswirkte: Was nur autoritär verordnet, aber nicht mit Argumenten begründet wurde, fand keine bereitwillige Zustimmung mehr, sondern traf auf Skepsis.

Viele andere Themen hingen mit dieser Autoritätskritik zusammen und gruppierten sich darum herum: das Vertrauen auf Erfahrung und Experiment, die Abkehr von Magie und Wunderglauben, zunehmende Diesseitigkeit und Zweifel an der Totenauferstehung, die Überzeugung, dass sich alles entwickelt hatte und nicht einfach fertig vom Himmel fiel und also eine klar benennbare Ursache haben musste. (Und auch diese Punkte haben ihre eigenen Ursachen und Anfänge, etwa in den naturwissenschaftlichen Denkformen seit der Renaissance oder in dem aus England kommenden Deismus, der kein direktes Eingreifen Gottes in die Welt mehr für denkbar hielt.) Es fällt leicht, sich auszumalen, wie groß die Herausforderung für die Kirchen gewesen sein muss.

Besonders wichtig wurde das Stichwort der *Geschichte*. In der Aufklärung wurde es gewissermaßen neu formatiert: als säkulares Konzept, fern von allen heilsgeschichtlichen Anklängen. In dieser Form veränderte es nach und nach das gesamte westliche Denken.

Am Anfang stand Voltaire: Nach dem verheerenden Erdbeben, das 1755 die Stadt Lissabon fast völlig zerstörte und Zehntausende von Todesopfern forderte, protestierte der französische Aufklärer gegen die traditionellen Darstellungen der Geschichte, die noch fraglos davon ausgingen, dass alles in der Welt – auch Naturkatastrophen, Verfolgung, Krieg und Vergewaltigungen – im Grunde von Gott gewollt sei. Voltaire hielt es für empörend, das Weltgeschehen als Manifestation der göttlichen Vorsehung zu betrachten oder die Welt sogar, wie Leibniz, zur besten aller möglichen Welten zu erklären. In seiner Novelle *Candide* ließ Voltaire seinen Protagonisten in den Wirren nach dem Lissaboner Erdbeben seufzen: »Wenn dies die beste aller möglichen Welten ist, wie müssen erst die anderen sein!« (30).

Für Voltaire gab es keine überzeugende Antwort, wie man die Existenz Gottes, an die er anfangs noch glaubte, mit der Existenz des Leidens in Einklang bringen konnte – er ließ die Frage offen. Die Menschen hatten in seinen Augen nicht die Aufgabe, sich auf die Ewigkeit auszurichten, sondern die Welt zu einem Ort zu machen, an dem man gut leben konnte:

Alles ist Geschichte

»Il faut cultiver notre jardin« sind die abschließenden Worte Candides am Ende des Buchs: »Wir haben in unserem Garten zu arbeiten« (158). In seiner *Philosophie de l'Histoire* (»Geschichtsphilosophie« – von ihm stammt dieser Ausdruck) hielt sich Voltaire dementsprechend konsequent an empirisch fassbare Geschichtsdaten und Ursachenzusammenhänge. (Seine Hoffnung auf eine »natürliche Religion« schien ihm zuletzt ebenso wenig haltbar wie das Christentum, das er ohnehin ablehnte. Voltaire, schreibt Roy Porter, »starb vermutlich als Atheist« [47].)

So wurde Voltaire zum Wegbereiter einer neuen, ganz und gar »weltlichen« Betrachtung der Geschichte – ohne jeden religiösen Überbau. Hinzu kam das Ursache-Wirkungs-Denken der Naturwissenschaften, das sich allmählich ins gesellschaftliche und geschichtliche Denken einfügte: Alles hatte eine »innerweltliche« Ursache, alles hatte eine Geschichte. Für die Theologie wurde das vor allem im Werk von Hermann Samuel Reimarus (1694–1768) sichtbar.

Reimarus, Professor für die Sprachen des Orients in Hamburg, hätte nach dem Wunsch seiner Eltern eigentlich ein angesehener lutherischer Pastor werden sollen, sah sich aber umso weniger dazu in der Lage, je mehr er seine philologischen und theologischen Studien miteinander und mit der Philosophie der frühen Aufklärung konfrontierte. Vieles am christlichen Glauben erschien ihm anstößig, unvernünftig, moralisch inakzeptabel; der Deismus überzeugte ihn mehr. Dennoch betrieb er über dreißig Jahre lang – bis zu seinem Lebensende – in seiner freien Zeit kritische Bibelstudien. Sein Ziel war es, denjenigen etwas an die Hand zu geben, die sich nicht mehr von den kirchlichen Glaubensvorgaben gängeln lassen wollten. Er hielt seine Aufzeichnungen aber unter Verschluss und bestimmte, dass sie nicht veröffentlicht werden dürften, »bevor sich die Zeiten mehr aufklären« (*Apologie*, 41).

Als Gotthold Ephraim Lessing in seiner Eigenschaft als Bibliothekar der Herzoglichen Bibliothek zu Wolfenbüttel in den 1770er-Jahren erstmals einige »Fragmente« aus Vorstufen von Reimarus' *Apologie oder Schutzschrift für die vernünftigen Verehrer Gottes* anonym veröffentlichte, rief er einen immensen Sturm der Entrüstung, aber auch viel Begeisterung hervor. Der sogenannte »Fragmentenstreit« wurde zur bedeutendsten theologischen Kontroverse im Deutschland des 18. Jahrhunderts. Allein von 1777 bis 1780 entstanden mehr als fünfzig Gegenschriften. Und auch in den folgenden Jahrzehnten wurden immer wieder Auseinandersetzungen mit Reimarus veröffentlicht.

Was war so aufregend an seinen Studien? Ich erwähne nur zwei Aspekte, die in unserem Zusammenhang bedeutsam sind.

Vor allem – das ist der erste Aspekt – hatte Reimarus die Bibel mit »geschichtlichem Blick« gelesen. Das war neu und in der Tat bahnbrechend. So stellte er etwa fest, dass diejenigen, die nach der Hinrichtung des Jesus von Nazaret die christliche Gemeinde aufbauten, anderes vertraten als Jesus selbst, weswegen seine Botschaft nicht mit der der Apostel »vermischt« werden dürfe:

> [...] ich finde große Ursache, dasjenige, was die Apostel in ihren eignen Schriften vorbringen, von dem, was Jesus in seinem Leben wirklich selbst ausgesprochen und gelehret hat, gänzlich abzusondern. Denn die Apostel sind selbst Lehrer gewesen, und tragen also das ihrige vor, haben auch nimmer behauptet, daß Jesus ihr Meister selbst in seinem Leben alles dasjenige gesagt und gelehret, was sie schreiben.
> *(Von dem Zwecke Jesu, 7 f)*

Alles ist Geschichte

Erstmals unterschied hier ein Bibelkenner verschiedene Zeitschichten mit unterschiedlichen Tendenzen in den biblischen Texten. Und darüber hinaus tat er es so, dass seine Leser und Leserinnen die Beobachtungen leicht selbst nachvollziehen konnten, wenn sie ihre Bibel zur Hand nahmen. Sie konnten feststellen, dass die Behauptung, die Bibel sei insgesamt das unveränderliche, eine, heilige Wort Gottes, zumindest auf der Ebene der Textoberfläche einfach nicht stimmte: Es ließen sich in den biblischen Büchern deutlich unterscheidbare und zum Teil einander widersprechende Auffassungen ausmachen; man konnte auch nachverfolgen, wie sich bestimmte Aussagen weiterentwickelt hatten, und es war zu erkennen, dass man den Texten Gewalt antäte, wollte man sie auf eine einheitliche Botschaft festlegen.

Was Jesus betraf, führte dies zu der Frage, was dieser denn von allem, was die Kirchen über ihn sagten, wirklich vertreten hatte. Für Reimarus war »wirklich«, was geschichtlich zuverlässig festzuhalten war. Er ging davon aus, dass die Evangelien, die von der Zeit Jesu erzählten, die unmittelbarsten Zeugnisse sein mussten, während die »Schriften der Apostel« bereits eine sekundäre, von anderen Interessen geleitete, quasi schon »kirchliche« Erweiterung darstellten:

> Dagegen führen sich die vier Evangelisten blos als Geschichtschreiber auf, welche das hauptsächlichste, was Jesus sowol geredet als gethan, zur Nachricht aufgezeichnet haben. Wenn wir nun wissen wollen, was eigentlich Jesu Lehre gewesen, was er gesagt und geprediget habe, so ist das *res facti*, so frägt sichs nach etwas das geschehen ist; und daher ist dieses aus den Nachrichten der Geschichtschreiber zu holen. Da nun dieser Geschichtschreiber gar viere sind, und sie alle in der Haupt-Summe der Lehre Jesu übereinstimmen: so ist weder an der Aufrichtigkeit ihrer Nachrichten zu zwei-

feln, noch auch zu glauben, daß sie einen wichtigen Punkt oder wesentlich Stück der Lehre Jesu sollten verschwiegen oder vergessen haben.
(Von dem Zwecke Jesu, 8)

Hier müssen wir uns nicht damit aufhalten, dass Reimarus die Evangelisten noch umstandslos als Geschichtsschreiber (und nicht als Prediger oder Theologen) ansah – auch etliche andere seiner Hypothesen sind inzwischen offenkundig überholt. Der springende Punkt für unsere Überlegungen ist vielmehr, dass für Reimarus der Blick auf die geschichtlichen *Fakten* maßgeblich wurde.

Waren die Theologen in den Jahrzehnten vor Reimarus zuallermeist davon ausgegangen, dass *alles*, wovon die Bibel erzählt, geschichtliche Wahrheit sei, so befragte Reimarus nun die Texte anhand eines rein weltlichen Geschichtsverständnisses, wie es vor ihm schon Voltaire skizziert hatte. Er wollte wissen, ob die in der Bibel berichteten Geschehnisse historisch und logisch überhaupt denkbar seien, ob die Fakten stimmen konnten.

So rechnete er bei der Geschichte vom Durchzug der Israeliten durchs Rote Meer nach, wie groß das Volk während der Sklaverei in Ägypten geworden sein musste, und fragte süffisant, ob ein Exodus so vieler Menschen überhaupt möglich gewesen sein konnte. Und bei der Verkündigung der Auferstehung Jesu spekulierte er darüber, warum die Jünger erst an Pfingsten, fünfzig Tage nach der Kreuzigung, damit an die Öffentlichkeit gegangen seien. Hatten sie vielleicht doch den Leichnam Jesu beiseitegeschafft und gewartet, bis er nicht mehr identifizierbar war? So suchte Reimarus nach der Wirklichkeit *hinter* den Erzählungen.

Dass die Texte andere Absichten gehabt haben könnten, war ihm (und seiner Zeit) fern. Er nahm die »fünfzig Tage« zwischen Ostern und Pfingsten als Faktum, das sein kritischer

Geist nicht – wie so vieles andere – infrage stellte. Dass die Zeitspanne zwischen den beiden christlichen Hochfesten genau der Spanne zwischen den jüdischen Festen *Pessach* und *Schawuot* entsprach und die neutestamentliche Darstellung offenbar eine christliche Interpretation dieser Feste sein wollte, entging seiner Faktenfixierung.

Reimarus zielte mitten ins Herz des christlichen Selbstverständnisses, wenn er fragte, »ob Jesus würklich nach seinem Tode auferstanden, und gen Himmel gefahren sey«, »ob die Facta wirklich geschehen, ob die Umstände dabei so beschaffen gewesen, wie erzählet wird, ob es auch natürlich, oder durch Kunstgriffe und Betrügerey, zugegangen, oder ob es so von ohngefähr zusammen getroffen« (*Fragmente*, 137). Was sich nicht geschichtlich und vernünftig plausibel erklären ließ, musste Lüge oder Fantasterei sein.

So zu fragen – es dachten und fragten ja immer mehr Menschen so – hat tiefe Spuren in unserem Denken hinterlassen. »Wirklich« ist dem allgemeinen Bewusstsein bis in unsere Tage vor allem das, was historisch belegbar ist. Wann fand der Exodus der Israeliten aus Ägypten statt? Auf welcher Route zogen sie durchs Rote Meer? Auf welchem Berg erhielt Mose von Gott die Tafeln mit den Zehn Geboten? Wo ging Jesus über den See Gennesaret? Wo war sein Grab? War es wirklich leer? »Wirklich« ist auch heute das zentrale Schlüsselwort. Fragen nach anderen Aspekten – etwa nach dem, was Menschen bezeugen, oder danach, was eine Metapher oder eine Legende ausdrücken will – stehen im Rang wesentlich tiefer, wenn sie überhaupt ernst genommen werden.

Der Buchmarkt reagiert darauf mit Titeln wie »Wer Jesus wirklich war«, »Der historische Jesus aus Nazareth: So lebte er wirklich!« oder »Der letzte Tag Jesu: Was bei der Passion wirklich geschah«. Kirchliche Bildungshäuser veranstalten Diskussionen zum Thema »Gibt es den Teufel wirklich?«, und Nachrichtenmagazine stellen regelmäßig zu Ostern und zu Weihnachten »auf den Spuren des historischen Christus« die Frage: »Wer war Jesus Christus wirklich?«

Artikel wie »Archäologen öffnen Jesus-Grabkammer« legen nahe, dass verlässliche »historische Fakten« heute eher von der Geschichtswissenschaft oder der Archäologie erwartet werden. In dem Wort »wirklich« schwingt eine gehörige Portion Skepsis gegenüber der kirchlichen Verkündigung mit, gepaart mit dem Optimismus der Moderne, dass »die Wissenschaft« die Wahrheit schon zutage fördern werde.

Natürlich war es nicht Reimarus allein, der diesen Umschwung verursacht hat; sein Werk atmet vielmehr auf allen Seiten den Geist seiner Zeit, die mehr und mehr nach handfesten historischen Tatsachen verlangte.

Neben dieser Orientierung an den Fakten hinter den Erzählungen förderte Reimarus in seiner Beschäftigung mit den Texten – das ist der zweite wichtige Aspekt – aber auch eine Erkenntnis zutage, die nicht *hinter*, sondern durchaus *in* den Texten zu finden war: die Einsicht nämlich, dass die Worte und Taten Jesu nur vor dem Hintergrund des jüdischen Denkens seiner Zeit angemessen zu verstehen sind, da Jesus als Jude intensiv aus den Traditionen, Schriften und der Sprache des Judentums schöpfte.

Wichtig, so Reimarus, sei es deshalb zu fragen: Im Rahmen welcher jüdischen Vorstellungen mussten Jesu Äußerungen gedeutet werden? Auf welche Traditionen bezog er sich? Wogegen wandte er sich in seiner Zeit? Und wie mussten wohl die zentralen Begriffe der Evangelien – beispielsweise das Himmelreich, der Messias, der Sohn Gottes – »nach Jüdischer Redensart« (*Fragmente*, 8) verstanden werden?

Reimarus war aufgefallen, dass Jesus in den Evangelien solche Begriffe niemals erläuterte oder neu definierte; er muss sie also bei den »ersten Christen, die ursprünglich Juden gewesen waren«, in ihrer traditionellen jüdischen Bedeutung als bekannt vorausgesetzt haben. Jesus habe demnach keine

Alles ist Geschichte

neuen Mysterien oder Glaubenslehren offenbart, sondern lediglich die Tora und die Schriften der Propheten ausgelegt:

> Ich kann nicht umhin, einen gemeinen Irrthum der Christen zu entdecken, welche aus der Vermischung der Lehre der Apostel mit der Lehre Jesu sich einbilden, daß Jesu Absicht in seinem Lehr-Amte gewesen, gewisse zum Theil neue und unbekannte Glaubensarticul und Geheimnisse zu offenbaren, und also ein neues Lehrgebäude der Religion aufzurichten, dagegen aber die Jüdische Religion nach ihren besonderen Gebräuchen, als Opfern, Beschneidung, Reinigung, Sabbathen und andern levitischen Ceremonien, abzuschaffen. [… Im Gegenteil:] Er trieb nichts als lauter sittliche Pflichten, wahre Liebe Gottes und des Nächsten: darin setzet er den ganzen Inhalt des Gesetzes und der Propheten: und darauf heisset er die Hoffnung zu seinem Himmelreich und zur Seligkeit bauen. Uebrigens war er ein gebohrner Jude und wollte es auch bleiben; er bezeuget er sey nicht kommen das Gesetz abzuschaffen, sondern zu erfüllen: er weiset nur, daß das hauptsächlichste im Gesetze nicht auf die äusserlichen Dinge ankäme. Was er sonst […] vorbringet, das war alles sowohl den Juden bekannt, und der damaligen Jüdischen Religion gemäs […]
>
> *(Fragmente, 13)*

Solche Sätze sind umso erstaunlicher, als sie nahe an dem sind, was in der Gegenwart für das christlich-jüdische Gespräch von grundlegender Bedeutung ist: die Anerkennung Jesu als eines Juden, die Anerkennung, dass die Worte Jesu in allem mit dem Judentum übereinstimmen, und die Anerkennung der meisten neutestamentlichen Schriften als jüdisch geprägte Schriften.

Man kann sich leicht vorstellen, dass der »geschichtliche Blick«, der Jesus immer klarer als einen praktizierenden Juden zeigte, in den christlichen Kirchen für wachsende Beunruhigung sorgte. Was bedeutete es für das Christentum, wenn Jesus wirklich seinen jüdischen Glauben weder verlassen noch überwinden wollte? Und wenn es so war – wie konnte er dann zugleich der Sohn Gottes und der kirchlich verkündigte Christus sein? Hier taten sich Fragen auf, die die Mitte des christlichen Glaubens betrafen.

Zunächst allerdings ist festzuhalten, dass Reimarus nicht nur heftige Proteste hervorrief, sondern bei vielen auch auf entschiedene Zustimmung stieß. Immerhin hatte er gezeigt, wie viel Erstaunliches man in den biblischen Texten entdecken konnte, wenn man sich nicht von der Vorstellung einschüchtern ließ, dass die Bibel in ihrer vorliegenden Form das irrtumslose heilige Wort Gottes war.

Das inspirierte schon im 18. Jahrhundert zahlreiche Theologen, ihren Arbeitsschwerpunkt auf die Erforschung der Bibel zu verlegen und mit historischen Studien zu beginnen. Die Bibelwissenschaft nahm in den folgenden Jahrzehnten einen ungeheuren Aufschwung. Bald schon korrigierte sie einige der gröbsten Missverständnisse von Reimarus. Eine wichtige Rolle spielte dabei die Identifizierung und Diskussion der verschiedenen Textgattungen, die in der Bibel anzutreffen sind. Nicht alles konnte als geschichtlicher Bericht veranschlagt und dann als Betrug kritisiert werden. Mythische und legendenhafte Darstellungen, poetische Texte, liturgische Vorlagen und anderes mehr sollten in ihrer jeweiligen Eigenart erkannt werden, wenn man sie recht verstehen wollte.

Natürlich gab es auch weiterhin die Frage nach den Fakten, den Versuch, biblische Geschichten *als Geschichte* zu verifizieren. Insbesondere die frühen Archäologen, die in der zweiten Hälfte des 19. Jahrhunderts ins Heilige Land aufbrachen, trauten der Bibel noch durchaus zu, geschichtliche Ereignisse getreulich festgehalten zu haben. So nahmen die meisten von ihnen biblische Aussagen als Ausgangspunkt und suchten dafür nach archäologischen Belegen. Die Frage, »wie es würklich gewesen ist«, beherrschte auch dann noch das Denken, als mit dem Namen Reimarus kaum noch jemand etwas anzufangen wusste.

Eine Gruppe protestantischer deutscher Bibelwissenschaftler soll in jener Zeit an den See Gennesaret aufgebrochen sein, um die Beschaffenheit seiner Ufer und seine Tiefe einmal gründlich zu untersuchen: Gab es im Uferbereich eventuell breitere flache Abschnitte oder größere Steine, die eine »natürliche« Erklärung dafür abgeben konnten, dass Jesus seinen Jüngern über das Wasser entgegenkam? Oder musste man sich Jesu Gang auf dem Wasser anhand philologischer Erwägungen doch eher als einen Gang *am* Wasser denken – weil anderes eben nicht »denkbar« war?

Natürlich förderte die biblische Archäologie auch bedeutende Erkenntnisse zutage. Ich erwähne als Beispiel nur die Entdeckung von literarischen Zeugnissen aus der Handelsmetropole Ugarit an der Nordwestküste des heutigen Syrien. Dieser kanaanäische Stadtstaat hatte seine Blütezeit zwischen 1400 und 1200 v. Chr. – also lange bevor sich Israel als Königreich konstituierte. Ausgrabungen seit dem Jahr 1929 brachten zahlreiche Tontafeln mit Texten in einer bis dahin unbekannten Sprache in Keilschrift ans Licht. Die Entzifferung zeigte, dass es sich um eine dem Hebräischen verwandte Sprache handelte; unter den Texten waren Verse aus dem ugaritischen Kult. Besonders aufsehenerregend war dabei, dass viele Texte Entsprechungen zu biblischen Schriften aufwiesen. Die Religion des alten Israel war demnach tiefer in der kanaanäischen Kultur verwurzelt, als man bis dahin angenommen hatte. Schließlich sprach ja die Bibel viel von Konflikten zwischen Israel und Kanaan. Nun konnten weitere Untersuchungen zeigen, dass manche Psalmen in ihrem Kern aus alten kanaanäischen Liedern bestanden, also nicht vom Himmel gefallen, sondern aufgegriffen und weiterentwickelt worden waren. Alles hatte eine Entstehungsgeschichte – auch die Gottessprache im alten Israel. Die Frage, mit welcher Offenbarungstheologie das zu deuten war, stellte sich immer dringlicher. Die traditionelle Theorie von der wörtlichen Inspiration der Bibel durch Gott war nicht mehr haltbar.

Darüber hinaus hatten im Laufe des 19. Jahrhunderts manche Theologen begonnen, den »geschichtlichen Blick« nicht nur auf die Bibel, sondern ebenso auf die christliche Dogmengeschichte zu richten. Auch hier ließ sich zeigen, dass die Dogmen nicht ewig und unverrückbar die Kernsätze des christlichen Glaubens festhielten, sondern ihrerseits eine Geschichte hatten und Entwicklungen durchliefen. Was war, war nicht immer so gewesen, und deshalb musste es auch nicht unbedingt so bleiben.

Das mag bei Menschen unserer Zeit nur ein Schulterzucken hervorrufen, doch damals wurde das von kirchlicher Seite und von manchen Theologen als Bedrohung wahrgenommen, auf die die Kirche in etlichen Fällen mit Exkommunikation und Verboten reagierte. (Dazu mehr im nächsten Kapitel.)

Aber natürlich waren solche Machtmittel hilflos gegen das Rad der Zeit. Es drehte sich weiter. Nicht nur im Bereich des Christentums brachten historische Fragestellungen und Forschungen aufsehenerregende neue Erkenntnisse hervor; auch auf allen anderen Gebieten spielte die Frage nach der Geschichte eine immer wichtigere Rolle – mit entsprechenden Rückwirkungen auf den christlichen Glauben.

Als etwa Charles Darwin (1809–1882) anhand seiner Forschungen die Evolutionstheorie entwickelte, war das nicht nur eine bahnbrechende Entdeckung, die die Entstehung der Tierarten aus früheren Formen sowie die Geschichte der Erde und der Menschheit in einem völlig neuen Licht zeigte, sondern wurde auch als Schlag gegen jene Theologie erlebt, die die Schöpfungsdichtung im Buch *Genesis* immer noch als »Bericht« las und fest von der Erschaffung der Welt in sechs Tagen ausging.

Die Fortschritte in den Wissenschaften machten es vielen immer schwerer, dem Christentum in seiner traditionellen Gestalt zu folgen. Es ist kein Zufall, dass in dieser Zeit der »Agnostiker« erfunden wurde: Thomas Henry Huxley (1825–1895), britischer Wissenschaftler und Unterstützer der Evolutionstheorie von Darwin, prägte den Begriff als Bezeichnung für diejenigen, die meinten, es gebe nicht genügend handfeste Beweise für die Existenz oder Nichtexistenz Gottes. Neutralität sei deshalb in religiösen Angelegenheiten die angemessenste Haltung.

Und so bekam allmählich auch das überkommene metaphysische Weltbild Risse. Die seit Parmenides (ca. 520–455 v. Chr.) bestehende griechisch-europäische Vorstellung, dass hinter der Realität eine ewige Struktur, ein absoluter Wesenskern – eine Metaphysik also – erkennbar und benennbar sei, wurde mit der Beobachtung konfrontiert, dass auch die Bestimmungen dieses Wesenskerns ihre Geschichte hatten und Wandlungen erlebten. Es wurde immer klarer, dass die Menschen in ihrer Zeitgebundenheit und Vergänglichkeit nur zeitgebundene, vergängliche Erkenntnisse haben konnten. Ein Denken, das die Welt, wie der Philosoph Gianni Vattimo sagt, »im Namen einer letzten Wahrheit um jeden Preis in eine Einheit bringen« wollte, verblasste zunehmend an der Vielfalt ebendieser Welt und ihrer Wissensformen. Was als ewige »innerste Einheit« der Welt präsentiert wurde, spiegelte allzu durchschaubar nur die Machtverhältnisse der jeweiligen Zeit. War Gott einst der oberste Monarch, der noch über dem Kaiser stand, so wurde er später zur Naturkraft, zum Willen oder zur Zukunft.

Erschüttert wurde dieses Denken nicht nur von der jungen Geschichtswissenschaft, sondern auch von einer weiteren, radikal geschichtlichen Erfahrung: vom Kolonialismus und seinen Rückwirkungen auf Europa. Die Existenz nichteuropäischer Kulturen und Religionen trat verstärkt ins Bewusstsein der Europäer; und es zeigte sich, dass diese nicht einfach als »primitiv« etikettiert werden konnten, sondern Denken auf hohem Niveau pflegten. Der hellsichtige protestantische Theologe Ernst Troeltsch (1865–1923) sprach 1893/94 davon, dass die »Zusammenbestehbarkeit« des Christentums mit anderen Welt- und Lebensanschauungen zukünftig »das eigentliche Geschäft aller Theologie« sein müsse (*Christliche Weltanschauung*, 229).

So »reifte das Bewusstsein, dass es nicht nur einen einzigen Gang der Geschichte (der dann angeblich in der westlichen Zivilisation kulminiert), sondern verschiedene Kulturen und Geschichtsverläufe gibt« (Vattimo, 11). Es gab darum auch nicht mehr nur die eine Wahrheit, die alles andere in sich enthielt. Natürlich unternahmen es Theologen und Philosophen weiterhin, Metaphysiken zu entwerfen, doch gerieten diese immer abstrakter, sodass sie zur konkreten Weltwahrnehmung der Menschen kaum noch etwas beizutragen hatten.

Die Geschichtswissenschaft und das junge Forschungsgebiet der Kulturanthropologie gingen bereits mit diesen Tatsachen um; Künstler, Literaten und freie religiöse Denker (wie etwa Leo Tolstoi) nahmen das Ende der Metaphysik intensiv wahr. Und Friedrich Nietzsches berühmtes Wort »Gott ist tot« in seinem Aphorismus *Der tolle Mensch*, das von vielen irrtümlich als Ausdruck des Atheismus verstanden wird, brachte präzise die empfundene Unmöglichkeit metaphysischer Aussagen zur Sprache: Nietzsche konnte nicht mehr sagen, dass Gott nicht existiere, denn das wäre wiederum eine metaphysische Aussage, also die Behauptung einer übergeschichtlichen Wahrheit, gewesen. Er musste einen *geschichtlichen* Ausdruck finden für das, was er sagen wollte, und er fand ihn in der Formulierung, dass Gott »tot« war. Das hieß: Gott als letztes Fundament, als absolute metaphysische Struktur des Wirklichen, war für Nietzsche und zahlreiche andere nicht mehr aussagbar, und darum konnte man diesen Gott eben auch beiseiteschaffen, »töten«.

Es entbehrt nicht der Ironie, dass Nietzsche sich dem geschichtlichen Denken nicht entziehen konnte. Denn schon in seinen *Unzeitgemäßen Betrachtungen* von 1874 wehrte er sich heftig gegen dieses Denken, das alles erschütterte, alles kontaminierte. Letztlich aber konnte er dessen umstürzende Kraft nur bestätigen:

> Wir erschrecken, wir fliehen zurück: wohin ist alle Klarheit, alle Natürlichkeit und Reinheit jener Beziehung von Leben und Historie, wie verwirrt, wie übertrieben, wie unruhig fluthet jetzt dies Problem vor unseren Augen! Liegt die Schuld an uns, den Betrachtenden? Oder hat sich wirklich die Constellation von Leben und Historie verändert, dadurch, dass ein mächtig feindseliges Gestirn zwischen sie getreten ist? [...] Es ist allerdings ein solches Gestirn, ein leuchtendes und herrliches Gestirn dazwischengetreten, die Constellation ist wirklich verändert – *durch die Wissenschaft, durch die Forderung, dass die Historie Wissenschaft sein soll*. Jetzt regiert nicht mehr allein das Leben und bändigt das Wissen um die Vergangenheit: sondern alle Grenzpfähle sind umgerissen und alles, was einmal war, stürzt auf den Menschen zu. So weit zurück es ein Werden gab, soweit zurück, ins Unendliche hinein, sind auch alle Perspektiven verschoben. Ein solches unüberschaubares Schauspiel sah noch kein Geschlecht, wie es jetzt die Wissenschaft des universalen Werdens, die Historie, zeigt: freilich aber

zeigt sie es mit der gefährlichen Kühnheit ihres Wahlspruches: fiat veritas pereat vita. (35 f.)

»Die Wahrheit soll zutage treten, auch wenn das Leben darüber zugrunde geht«: Nietzsches Pathos bringt nicht allein das Ausmaß der Umwälzung durch das geschichtliche Denken zum Ausdruck, sondern auch dessen zerstörerische Kraft. Was einmal als Projekt der Aufklärung mit emanzipatorischen Vorzeichen und enormem Fortschrittsoptimismus begonnen hatte, was mit der Suche nach verlässlichen Fakten Klarheit schaffen wollte, was mittels geschichtlicher Perspektiven Selbstbewusstsein gegenüber Autoritäten zu fördern suchte, schlug immer deutlicher in sein dialektisches Gegenteil um: Alles wurde zu Geschichte, nichts war ewig; der Wunsch nach Eindeutigkeit wurde nicht erfüllt, sondern führte nur zu mehr Ambivalenz, weil immer neue Einzelheiten den Weg zu Verallgemeinerungen verstellten und »alle Grenzpfähle« umgerissen wurden; die Geschichte dehnte sich ins Unendliche, überflutete das Denken und bot keinen Halt mehr; die Metaphysik zerbrach ... Führten also die Aufbrüche des 18. Jahrhunderts in den folgenden Jahrhunderten unweigerlich ins Unheil?

Dass alles Geschichte ist, dass alles eine Geschichte hat, kann nicht ernsthaft bestritten werden. Ebenso wenig ist aber zu leugnen, dass der »weltliche«, nicht von theologischen Perspektiven vorgeprägte Blick auf die Geschichte der Menschheit, des Denkens, der Bibel Erkenntnisse hervorgebracht hat, die nicht nur für Religionskritiker interessant sind, sondern auch für Gläubige wertvoll sein können.

Die Erkenntnis etwa, dass auch »heilige Schriften« Erzeugnisse von Menschen sind, ist kein Sakrileg, sondern eine Einsicht, die zu einer tieferen und verständigeren Lektüre verhelfen kann. Texte von Menschen, Texte, die ihre Gestalt im Verlauf vieler Generationen gewonnen haben, müssen und wollen daraufhin befragt werden, welche Aussageabsichten ihre Verfasser und Verfasserinnen hatten, unter welchen Bedingungen sie entstanden sind, worauf sie antworteten und wofür sie eintraten. Auch wenn die historischen Rahmenbedingungen und Intentionen der Texte immer nur annäherungsweise erschlossen werden können: In der Frage danach drückt sich auch Respekt gegenüber denjenigen aus, die sich gegen unsere Interpretationen nicht mehr wehren können.

Die simple Alternative – die fraglose Lektüre der Texte als unmittelbarer Gottesbotschaft nämlich – macht aus der Bibel einen Fetisch, einen Götzen, dem man Herrschaftsmacht oder magische Vorhersagekraft zuspricht und dem man sich unterwirft (worüber sich schon biblische Autoren lustig machten: Jesaja 44,15–20). Diese Art des Umgangs mit der Bibel macht nicht sehend, sondern blind, indem sie zeitgebundene Aussagen für ewig gültig erklärt, die man dann nur »glauben« kann, ohne sie verstehen zu müssen.

Verschiedene Spielarten des Fundamentalismus gehen bis heute so mit der Bibel um. Am Beginn der Bewegung stand eine in den USA veröffentlichte Schriftenreihe, *Fundamentals*, die in den Jahren 1910 bis 1915 fünf unaufgebbare »Fundamentalien« des christlichen Glaubens festzuhalten trachtete: 1. die buchstäbliche Inspiration der Bibel und damit ihre Irrtumslosigkeit; 2. die Jungfrauengeburt; 3. das stellvertretende Sühnopfer Christi am Kreuz; 4. die leibliche Auferstehung; 5. die Göttlichkeit Jesu Christi und seine unmittelbar bevorstehende Wiederkehr zum Gericht über die Menschen. Das zielte unverkennbar gegen die kritische Bibelwissenschaft; doch der Gestus des Festhaltens an wenigstens fünf »unaufgebbaren« Wahrheiten verriet auch eine tiefe Verunsicherung: War Wahrheit wirklich Wahrheit, wenn man ihre »Unaufgebbarkeit« betonen musste? Gab man damit nicht schon zu, dass alles ins Rutschen geraten war? Offenbar grassierte die Furcht, der Glaube könne der Moderne entgleiten, wenn man nicht wenigstens einige fundamentale »Fakten« entschieden bekräftigte.

So ist der Fundamentalismus einerseits eine Reaktion auf die Entwicklungen in der Moderne und andererseits selbst ihr Produkt: Auch er hält sich an vermeintliche »Fakten«, indem er umstandslos die Bibel insgesamt als geschichtliche Wahrheit verabsolutiert und dabei nicht merkt, welcher ungeheuren Reduktion des christlichen Glaubens auf wenige Punkte er damit Vorschub leistet.

Spiegelbildlich steht dem die Verabsolutierung der Geschichte selbst gegenüber: die bereits angesprochene Faktengeschichte als erster und eigentlich einziger Zugang zur Wirklichkeit. Sie ist heute sehr viel weiter verbreitet als der Fundamentalismus – auch wenn ihr ein gewisser fundamentalistischer Beigeschmack ebenfalls nicht abzusprechen ist. Wie tief diese Art des Denkens ins westliche Bewusstsein eingedrungen ist, zeigt der Vergleich mit anderen Kulturen. Der Schriftsteller Peter Bichsel macht das anhand einer Reiseerinnerung anschaulich:

> Als ich vor vier Jahren in Bali war, begann mich der balinesische Hinduismus zu interessieren. Er hat sich zweitausend Jahre unabhängig vom indischen Hinduismus entwickelt und zu einer faszinierenden humanen Form gefunden. Ich habe selbst eine religiös pietistische Vergangenheit, die ich ganz schön verdrängt hatte; in Bali packte es mich wieder. [...]
> Ein junger Balinese wurde mein Hauptlehrer. Eines Tages fragte ich ihn, ob er denn glaube, dass die Geschichte vom Prinzen Rama – eines der heiligen Bücher der Hindus – wahr sei.
> Ohne zu zögern antwortete er mit »Ja.«
> »Du glaubst also, dass Prinz Rama irgendwann irgendwo gelebt hat?«

Alles ist Geschichte

»Das weiß ich nicht, ob der gelebt hat«, sagte er.
»Dann ist es also eine Geschichte?«
»Ja, es ist eine Geschichte.«
»Und dann hat wohl jemand diese Geschichte aufgeschrieben – ich meine: ein Mensch hat sie geschrieben?«
»Sicher hat sie ein Mensch geschrieben«, sagte er.
»Dann könnte sie ja auch ein Mensch erfunden haben«, antwortete ich und triumphierte, weil ich dachte, ich hätte ihn überführt.
Er aber sagte: »Es ist gut möglich, dass einer die Geschichte erfunden hat. Wahr ist sie trotzdem.«
»Dann hat also Prinz Rama nicht auf dieser Erde gelebt?«
»Was willst du wissen?« fragte er. »Willst du wissen, ob die Geschichte wahr ist, oder nur, ob sie stattgefunden hat?«
»Die Christen glauben, dass ihr Gott Jesus Christus auf der Erde war«, sagte ich, »im Neuen Testament ist das von Menschen beschrieben worden. Aber die Christen glauben, dass dies die Beschreibung von Wirklichkeit ist. Ihr Gott war wirklich auf der Erde.«
Mein balinesischer Freund überlegte und sagte: »Davon hat man mir schon erzählt. Ich verstehe nicht, warum es wichtig ist, dass euer Gott auf der Erde war, aber mir fällt auf, dass die Europäer nicht fromm sind. Stimmt das?«
»Ja, es stimmt«, sagte ich. (13 f.)

Was im balinesischen Hinduismus noch selbstverständlich möglich ist, ist in Westeuropa zerbrochen: Die biblischen Geschichten lassen sich im Rahmen des bürgerlich-westlichen Denkens nicht mehr ohne Weiteres als bedeutsam, als wahr erzählen und verstehen. Das historische Fragen führt beständig auf Abwege. Man fragt, ob etwas »stattgefunden« hat.

Doch die dabei gewonnenen Erkenntnisse können die Bedürfnisse nach Sinn, nach einer tragenden Deutung des eigenen Daseins nicht erfüllen. Sie bleiben die »zufälligen Geschichtswahrheiten«, die schon Lessing für belanglos erklärt hat.

Am präzisesten hat in meinen Augen der Neutestamentler Wolfgang Stegemann erfasst, was hier geschehen ist. Mit Blick auf das 19. Jahrhundert spricht er von der »Historisierung aller Lebensbereiche«. Diese habe auch das Christentum ergriffen und bei der Lektüre der Bibel zu einem »historic turn« geführt:

> Von jetzt an dienen nicht mehr die Bibel und ihre Erzählungen (von der Weltschöpfung bis hin zu den Geschichten über Jesus) als Referenzrahmen der Welterfahrung. Vielmehr fragte man sich umgekehrt: Passen die Erzählungen der Bibel noch zur »wirklichen« (wissenschaftlich erforschten) Welt? Die Geschichten der Bibel werden seitdem einer Kritik – einer Prüfung – unterzogen, die ihren Maßstab an der Vernunft bzw. den Wissenschaften findet. (259)

Diese »umgekehrten Fragen« waren die Fragen des aufgeklärten Bürgertums. In einer komfortablen Situation wollte es wissen, was zu ihm passte und was ihm plausibel erschien. Die Schrift diente ihm nicht mehr zur Befragung der eigenen Lebenssituation und zur Wahrnehmung der Welt aus einer anderen Perspektive – vielmehr diente nun die eigene Perspektive zur Beurteilung der Schrift und ihres Wahrheitsgehalts. Mit anderen Worten: Das zum »Herrschafts- und Bedürfnissubjekt in der Gesellschaft« (Metz, III/1, 50) aufgestiegene Bürgertum ließ sich nicht mehr von biblischen Erzählungen infrage stellen, sondern folgte eigenen Anschauungen und entschied selbst, was es für glaubhaft hielt. Natürlich fiel sein Urteil, das es gemäß den naturwissenschaftlichen und weltanschaulichen Überzeugungen der Zeit gewonnen hatte, in den meisten Fällen negativ aus: Die biblischen Erzählungen, so wie man sie verstand, waren mit den Wahrheitsansprüchen der neuen Zeit nicht vereinbar. Und damit hörten diese Erzählungen – trotz immer feinerer historischer Instrumentarien – auf, zu den Leuten zu sprechen.

Das gilt übrigens – bis heute – nicht nur für diejenigen, für die das Christentum darum nicht mehr diskussionswürdig ist, sondern auch für gläubige Christinnen und Christen: Sie können das geschichtliche Denken, mit dem sie aufgewachsen sind und das ihre ganze Lebenswelt bestimmt, nicht per Beschluss abstellen – der geschichtliche Blick bestimmt auch ihre Suche nach der Wahrheit der Religion.

Brachte also das neue Denken insgesamt eher Fluch als Segen? Ist es (mit-)verantwortlich für den großen Schwund an Gläubigen? Für manche Kirchenleute, die gerne das Problem irgendwo »außerhalb« lokalisieren, mag es so scheinen. Aber natürlich ist es mit dieser Denkform wie mit vielen »innerweltlichen« Dingen: Sie sind weder gut noch böse – sie sind. Die Dimension der Geschichte wurde ja nicht erdacht, sondern entdeckt. Und diese Entdeckung kann so wenig rückgängig gemacht werden wie die Entdeckung Amerikas. Es gibt kein Zurück zu einem vorkritischen Denken. Und es gibt auch nicht die Wahl, Ja oder Nein zur Geschichte zu sagen – wir sind immer schon ein Teil von ihr. Es fragt sich nur, wie wir damit umgehen. Daran entscheidet sich, wie lebensnah wir denken, argumentieren, glauben.

Genau an diesem Punkt liegt deshalb auch die Herausforderung für die Kirchen und die Theologie. Den verschiedenen Reaktionen widmen sich die nächsten Kapitel.

Kapitel 3
Ein Riss

Wie hat sich der »geschichtliche Blick« auf die christliche Verkündigung, auf ihre Erzählbarkeit ausgewirkt? Wie haben die Kirchen und ihre Theologien auf die Herausforderung der Aufklärung reagiert? Ich habe ja schon das (eher katholische) Bild von der Verpuppung einer Raupe in einen sicheren Kokon gebraucht; man könnte auch (eher evangelisch) vom Überleben in einem hundertjährigen Erdbeben sprechen. Das berühmte Wort »Es wackelt alles!«, mit dem Ernst Troeltsch 1896 auf einer Tagung liberaler Theologen den Zustand des christlichen Glaubensgebäudes beschrieb, klingt sehr danach.

Beide Metaphern aber bringen das wesentliche Geschehen noch nicht treffend genug zum Ausdruck; vor allem sehen sie die Kirchen vornehmlich als Opfer außerkirchlicher Entwicklungen. Deshalb, so scheint mir, wäre besser noch von einem »Riss« zu sprechen, der mitten durch die Theologie und die Kirchen hindurchgeht. Betrachten wir einige Stationen der Entwicklung, um der Sache näherzukommen.

Der bereits erwähnte Aufschwung der historisch-säkularen Arbeitsweise in der Bibelwissenschaft brachte schnell einen großen Reichtum an neuen Erkenntnissen hervor. Für Theologen als Einzelpersonen wurde es immer schwieriger, beides – theologisch-dogmatisches Wissen und Bibelwissen auf dem neuesten Stand der Diskussion – zu vertreten. Immer mehr Professoren sprachen sich deshalb dafür aus, Dogmatik (die reflektierte Darstellung der kirchlichen Lehre) und Exegese (die wissenschaftliche Auslegung der Bibel) ganz zu trennen und als eigenständige Fächer innerhalb der Theologie zu etablieren.

Zudem zeigten sich viele Bibelspezialisten interessiert daran, nun unabhängig und ohne dogmatische Vorgaben arbeiten zu können. Das richtete sich nicht prinzipiell gegen die Dogmatik, sondern folgte eher dem neuen Geist, wonach sich die Erforschung der Geschichte ganz an empirisch zugängliche Daten und Fakten zu halten habe. Erst auf dieser Grundlage könne dann auch die Dogmatik ihre Lehre entfalten. Der Theologe Johann Philipp Gabler (1753–1826), einer der »Väter« der evangelischen Bibelwissenschaft, formulierte schon 1790 programmatisch: »Dogmatik muß von Exegese, und nicht umgekehrt Exegese von Dogmatik abhängen« (XV).

In der Folge entwickelten Dogmatik und Exegese jeweils eigene Profile. Beide oft – bewusst oder unbewusst – mit der Haltung, dass das eigene Fach das »richtige« Bild des Christentums biete. In Zeiten, als es noch dieselben Personen waren, die an den Hochschulen Bibelauslegung und Dogmatik lehrten, wurden eventuell auftretende Widersprüche meist schon miteinander vermittelt, harmonisiert, bevor sie überhaupt ins Bewusstsein treten konnten. Doch von dem Moment an, da die Bibelwissenschaftler begannen, ihre Forschungen unabhängig zu betreiben, war es nur natürlich, dass sie ihre Erkenntnisse sozusagen »unvermittelt« vertraten.

Bei zahlreichen Fragen kam es nun vermehrt zu Unvereinbarkeiten zwischen der kirchlichen Darstellung der christlichen Lehre und den historisch-kritischen Erkenntnissen der Exegese. Der reformierte Züricher Alttestamentler Konrad Schmid bringt es folgendermaßen auf den Punkt: »Mit der historischen Wahrnehmung der Bibel und ihrer Schriften wurde deutlich, dass die biblischen Texte mehr, weniger und anderes sagen, als was die Dogmatik traditionellerweise aus der Bibel ableitete« (328).

Mehr sagen die biblischen Texte meines Erachtens, insofern sie zahlreiche unterschiedliche Theologien, zahlreiche unterschiedliche Arten von Gott zu sprechen und Gott anzusprechen enthalten – und nicht nur eine einheitliche »Gotteslehre«, nicht nur *eine* Theologie. *Weniger* sagen sie, weil sie nicht über das Wesen Gottes spekulieren und metaphysisch weitgehend desinteressiert sind. Und *anderes* sagen sie, indem sie etwa in der Frage des Ein-Gott-Glaubens bis ins Neue Testament hinein keineswegs eindeutig sind oder in der Frage der Bedeutung des Jesus von Nazaret zum Teil widersprüchliche Aussagen machen, die von der christlichen Dogmatik im Allgemeinen nicht aufgegriffen werden.

Hierauf kann man sich vonseiten der Dogmatik Reaktionen in zwei Richtungen vorstellen: zum einen das interessierte Zugehen auf die neuen Erkenntnisse und damit verbunden das kritische Befragen der bisherigen Darstellungen des christlichen Glaubens; zum anderen die scharfe Zurückweisung der historischen Betrachtungsweise der Bibel und das Einklagen einer *hermeneutica sacra*, eines Umgangs mit der Bibel also, der sie weiterhin als unfehlbares heiliges Wort Gottes betrachtet und dementsprechend liest.

Beide Reaktionsweisen hat es gegeben und natürlich auch allerlei Schattierungen zwischen diesen Polen.

Beispielhaft für die interessierte Auseinandersetzung mit der Aufklärung und ihren neuen Sichtweisen sind die beiden Tübinger Schulen des 19. Jahrhunderts (Johann Sebastian von Drey, Johann Adam Möhler, Johann Baptist von Hirscher, Franz Anton Staudenmaier u. a. an der katholischen Fakultät; Ferdinand Christian Baur, David Friedrich Strauß, Karl Reinhold von Köstlin, Eduard Zeller u. a. an der evangelischen Fakultät). Getragen von intellektueller Neugier und der Hoffnung auf ein tieferes Verstehen der christlichen Quellen, initiierten sie eine rege Zusammenarbeit zwischen den theologischen Disziplinen, erprobten historisch-kritische Methoden nicht nur in der Bibelforschung, sondern auch in der Dogmatik und anderen Fächern, betrieben die kreative und kritische Auseinandersetzung mit Lessing, Kant und Hegel – und stritten auch gerne mit den Kollegen der anderen Fakultät.

An der katholischen Fakultät in Tübingen dauerte das Abenteuer allerdings nur wenige Jahrzehnte. Die Gegner der Tübinger Schule und ähnlicher Initiativen formierten sich schon früh im 19. Jahrhundert. Sie begannen als informelles Netzwerk von ungefähr 150 Personen aus einflussreichen Kreisen in deutschsprachigen Ländern. Daraus ging nach und nach die mächtige Bewegung des Ultramontanismus hervor. Diese wollte sich in kirchlichen wie politischen Angelegenheiten ausschließlich daran orientieren, was *ultra montes* (»jenseits der Berge«), also vom Heiligen Stuhl, vorgegeben wurde, umfasste aber weit mehr als bloße Papstloyalität. Ihre Vertreter betrieben, so schreibt Andreas Holzem, »eine massive Personalpolitik, indem sie gemeinsam mit den Nuntiaturen in Luzern, München und Wien die aufgeklärten Pastoralreformer aus den kirchenleitenden Positionen vertrieben« (170). Sie strengten Indizierungsverfahren gegen liberale Theologen an und versuchten, deren Einfluss auf die Priesterausbildung zu unterbinden. Endgültig erstickt wurden die theologischen Aufbrüche schließlich nach der Niederschlagung der Revolutionen des Jahres 1848.

Was motivierte die Gegner der Aufklärung in der Kirche? Es waren nie nur akademische oder theologische Streitfragen; immer ging es auch um politische und gesellschaftliche Positionierungen. Für viele waren die schweren Konflikte der katholischen Kirche mit der Französischen Revolution ein Grund, künftig sämtlichen aufklärerischen Bestrebungen mit Argwohn zu begegnen. Wenn sie es nicht immer schon waren, dann wurden sie jetzt zu entschiedenen Verfechtern der Monarchie, bei der sie den christlichen Glauben in sicheren Händen sahen – trotz der verbreiteten und keineswegs unbekannten korrupten Machenschaften und Intrigen im europäischen Adel. Getrieben waren sie vor allem von einem starken Ressentiment gegen alles »Unkatholische«, seien es Moderne, Protestantismus, Liberalismus, Judentum oder Freidenkertum.

1848 hatte der Geist der Revolte fast ganz Europa erfasst; Unzufriedenheit und Gerechtigkeitsverlangen kulminierten in zahlreichen Ländern. In Frankreich, Preußen, Österreich (mit Ungarn und Norditalien) sowie in Dänemark fanden Massenversammlungen, Demonstrationen und Straßenschlachten statt; in Polen und Irland kam es zu bewaffneten Aufständen. Bereits im Februar ging der bedrängte französische König Louis Philippe ins Exil. Europäische Herrscher, die für sich dasselbe Schicksal fürchteten, versprachen Verfassungen; in den deutschen Staaten wurden Wahlen zu einer verfassungsgebenden Nationalversammlung in Frankfurt abgehalten; Papst Pius IX. (Amtszeit 1846–1878) floh nach der Ermordung seines Päpstlichen Ministerpräsidenten aus Rom, woraufhin in der Stadt die Republik ausgerufen wurde.

Die Erhebungen wurden überall schnell und zum Teil sehr blutig niedergeschlagen, und bald fühlten sich die europäischen Herrscherhäuser wieder stark genug, ihre im ersten Schreck gemachten Zugeständnisse zu widerrufen. In der Bevölkerung gewann das Bedürfnis nach Ruhe vielerorts die Oberhand. Die Bürger Frankreichs wählten bei der Präsidentschaftswahl im Dezember 1848 den konservativsten Kandidaten, und dessen Truppen setzten alsbald auch Papst Pius IX. wieder als Oberhaupt des Kirchenstaats ein.

Zugleich aber bestanden die eklatanten sozialen Verwerfungen infolge der Industrialisierung weiter fort, und das Verlangen der demokratischen Bewegungen nach Verfassungen und Freiheitsrechten blieb ungestillt. Die kritischen Anfragen von Feuerbach und Marx (sowie später von Darwin

Ein Riss

und Nietzsche) an das Christentum verschwanden nicht aus der Welt. Es rumorte weiter.

In vielen deutschen Staaten und in Frankreich schlug die Stimmung in den Kirchen indessen um: Die Mehrheit der Geistlichen orientierte sich nun in eine konservativere Richtung – wohl auch aus Furcht vor einer weiteren revolutionären Welle, die sich womöglich noch radikaler ausnehmen könnte. Man nahm die antiklerikale, zuweilen militant säkulare Stimmung in den demokratischen Bewegungen und in der Arbeiterbewegung wahr; Kirchenbesuch und Sakramentenempfang gingen deutlich zurück. Die Antwort darauf war eine entschlossene Rekonfessionalisierung – der Rückzug in unveränderbare Gewissheiten aus einer Welt, die man immer weniger verstand.

Die Ultramontanen erreichten in dieser Situation ein wichtiges Ziel: Um 1850 hatten sie den deutschen Katholizismus weitgehend in ihrem Sinne umgeformt, während die Reformideen der Aufklärer wie aus der Zeit gefallen schienen. Theologisch waren die Ultramontanen entschiedene Parteigänger der sogenannten Neuscholastik, die sich an der scholastischen Theologie des Mittelalters orientierte, vor allem an Thomas von Aquin (den sie aber nicht im Horizont seiner Zeit, also historisch-kritisch las, sondern als *theologia perennis*, als Theologie für alle Zeiten).

Ein wichtiger Vertreter dieser Entwicklung war der Jesuit und Papstberater Joseph Kleutgen (1811–1883). Der Titel seines vierbändigen Hauptwerks, *Die Theologie der Vorzeit* (1853– 1870), bringt das Programm der Neuscholastik treffend zum Ausdruck: In einer Zeit der Verunsicherung und des Aufruhrs suchte die Theologie Halt in der Vergangenheit, in vorneuzeitlichen Traditionen, welche die Anfeindungen der Gegenwart nicht kannten. Mit den neuen theologischen Ansätzen beschäftigte sie sich nicht im Modus der ernsthaften Auseinandersetzung, sondern allein im Modus der Zurückweisung aufgrund mangelnder Übereinstimmung mit den Kirchenvätern, mit Thomas von Aquin, mit dem Konzil von Trient (1545–1563). In den Erkenntnissen der neuen historischen Forschungen erblickte sie nichts als Relativismus und Zersetzung, betrieben von Feinden des Glaubens.

All diese Forschungen, Debatten und Reflexionen wurden von der Neuscholastik in den folgenden Jahren kurzerhand vom Tisch gewischt und durch das eigene Programm ersetzt. Das traf insbesondere auch die Tübinger Schule. Deren Arbeiten wurden als »Selbstdenkertum« verspottet, ignoriert, totgeschwiegen und schließlich mitsamt ihren großen Vertretern dem Vergessen überantwortet – eine »Tragödie der Theologiegeschichte« (Metz, III/1, 39).

Von Anfang an wurde die Neuscholastik durch den Vatikan gefördert und gelenkt. Papst Pius IX. galt zu Beginn seines Pontifikats – vor seiner Flucht aus Rom – noch als liberal, »doch als er unter dem Schutz der französischen Truppen nach Rom zurückkehrte und für den Rest seines langen Pontifikats dort blieb, wurde er ein unversöhnlicher Gegner von Liberalismus und Demokratie, ganz gleich, ob innerhalb oder außerhalb der Kirche« (McLeod, 103). So verbanden sich auch bei ihm politische und theologische Aversionen nahtlos miteinander.

In seiner 1864 veröffentlichten Enzyklika *Quanta cura* wandte er sich entschieden gegen die Religionsfreiheit und die Trennung von Staat und Kirche. Im Anhang des Schreibens befand sich zudem der berüchtigte *Syllabus errorum* (lat. »Verzeichnis der Irrtümer«), der nicht nur Liberalismus, Atheismus, Sozialismus und Kommunismus verurteilte, sondern auch Bibelgesellschaften und liberale Klerikervereine. Das zeigt: Die Feinde wurden nicht nur in der Gesellschaft, sondern auch im Inneren der Kirche ausgemacht. Die kritische Auseinandersetzung mit der Bibel sollte ebenso sehr un-

Ein Riss

terbunden werden wie die Zusammenkünfte von Klerikern, die die Demokratie befürworteten.

Dass die Moderne von der Kirche schließlich insgesamt als etwas Feindliches angesehen wurde, zeigte sich insbesondere, als die Positionen historisch denkender Theologen seit Ende des 19. Jahrhunderts von ihren Gegnern mit dem Kampfbegriff des »Modernismus« etikettiert wurden. Gewiss war den »Modernisten« gemeinsam, dass sie die neueren wissenschaftlichen Erkenntnisse als produktive Herausforderung für eine wache Theologie begriffen, doch ansonsten hatten sie zahlreiche unterschiedliche Interessen und Positionen, sodass von einem gemeinsamen Programm keine Rede sein konnte. Trotzdem sprach auch Papst Pius X. (Amtszeit 1903–1914) vom »System« des Modernismus und nannte es in seiner Enzyklika *Pascendi Dominici gregis* von 1907 ein »Sammelbecken aller Häresien«. Er verurteilte darin sämtliche Erscheinungen des Modernismus und verhängte wenig später die Exkommunikation als Strafe für dessen (vermeintliche) Vertreter. 1910 führte er schließlich den »Antimodernisten-Eid« ein, der die Kleriker verpflichtete, dem Modernismus in allen seinen Ausprägungen ausdrücklich abzuschwören. (Erst 1967 ersetzte Papst Paul VI. den Antimodernisten-Eid durch ein von ihm formuliertes Glaubensbekenntnis.) Während der Amtszeit von Pius X. kamen nahezu 150 Werke auf den Index der verbotenen Bücher.

Exkommunikation statt Kommunikation. Hinter der nach außen demonstrierten Härte verbargen sich Unsicherheit und Angst vor dem Verlust der eigenen Gewissheiten. Zwar hatte die Kirche auf dem Ersten Vatikanischen Konzil 1870 in der Konstitution *Dei Filius* noch fest behauptet, »dass Gott, der Ursprung und das Ziel aller Dinge, mit dem natürlichen Licht der menschlichen Vernunft aus den geschaffenen Dingen gewiss erkannt werden kann« (Denzinger, Nr. 3004), doch sah sie sich offenbar nicht in der Lage, dies im Lichte dieser Vernunft offen mit den Vertretern der neuen Forschungsgebiete zu diskutieren.

Man hat angesichts dieser völlig überzogenen Abwehrreaktion den Eindruck einer über Jahrzehnte anhaltenden Panikattacke. Fürchtete sich die Kirche, dass der »geschichtliche Blick« dem Glauben das Wasser abgraben könnte? War sie sich ihrer Botschaft selbst so unsicher? Von Menschen, die fest in ihrem Glauben verankert sind, würde man jedenfalls mehr Gelassenheit erwarten.

Vielleicht spielte dabei nicht nur die Angst eine Rolle, dass »der Feind« sich in Gestalt von Exegeten und Dogmenhistorikern auch in der Kirche ausbreitete, sondern die Ahnung, dass sich selbst die Verteidiger der Kirche dem neuen Denken letztlich nicht entziehen konnten? Das neuscholastische Festhalten am überlieferten Glaubensschatz, dem sogenannten *depositum fidei*, hatte zumindest aus der lebendig fließenden Glaubensauseinandersetzung zwischen Lebenserfahrung, Heiliger Schrift und Gottesbeziehung ein mehr denn jemals zuvor auf starre Formeln reduziertes Depot von Wahrheiten gemacht, von »Fakten« des Glaubens gewissermaßen, das in seiner Statik gerade nicht »vorzeitlich«, sondern ebenso modern war wie die Faktenfixierung der frühen Bibelforscher und des Fundamentalismus.

Im Protestantismus ging die Auseinandersetzung zwischen Exegese und Dogmatik, weil es kein zentrales Lehramt gibt, andere Wege. Die historisch-kritische Erforschung der Bibel fand ihre Heimat hauptsächlich in der breiten Strömung der Liberalen Theologie, war aber keineswegs unangefochten.

Der Eindruck der geschichtlichen Bedingtheit und Relativität der Bibel wie auch der Dogmen und der protestantischen Bekenntnisschriften beunruhigte viele – nicht nur in den Kirchen, in der Bewegung des »Neuluthertums«, sondern auch in den protestantischen Herrscherhäusern. So sorgte beispielsweise der preußische König Friedrich Wil-

Der Geist des Antimodernismus spiegelt sich anschaulich in der Karikatur eines Protestanten aus den USA, wo der Begriff »Modernismus« ebenfalls immer weitere Verbreitung fand: Unter dem Titel The Descent of the Modernists *(»Der Abstieg der Modernisten«) sieht er die Vertreter des Modernismus auf einer Abwärtstreppe mit den Stufen »Bibel nicht unfehlbar«, »Keine Wunder«, »Keine Jungfrauengeburt« usw. Der Weg führt hinab in den finsteren Keller des Atheismus. Drückt die Zeichnung aber nicht ungewollt auch eine gewisse Zwangsläufigkeit aus? (Ernest James Pace,* The Descent of the Modernists, *in: ders.,* Christian Cartoons, *Chicago/Philadelphia 1922.)*

helm IV. (Regierungszeit 1840–1861), ein überzeugter Pietist, dafür, dass in seinem Reich kein Schüler Ferdinand Christian Baurs, des Begründers der evangelischen Tübinger Schule, einen Lehrstuhl erhielt. Ohnehin hatte sich nach der gescheiterten Revolution von 1848, wie schon angesprochen, der Wind gedreht, und viele evangelische Gläubige kehrten zurück zu einem strengen, buchstäblichen Bibelglauben und zur Unterwerfung unter die »gottgegebene« Obrigkeit.

Es fehlte auch nicht an akademischen Einsprüchen gegen ein allzu simples Anwenden des »geschichtlichen Blicks« auf die Bibel. In einem epochemachenden Vortrag im Jahr 1892 erinnerte der in Halle lehrende Theologe Martin Kähler (1835–1912) daran, dass die Evangelien keine historischen Berichte waren und deshalb auch nicht so gelesen werden dürften. Sie seien bereits Ausdruck des Christusglaubens, und dementsprechend sei es ihr Ziel, den Gekreuzigten und Auferstandenen zu verkündigen, »ihr Zeugnis ist mithin bereits Dogmatik« (5). Wenn man diese Perspektive der Evangelisten nicht beachte und billige, sei man auch nicht in der Lage, ihr Zeugnis zu verstehen:

> Der auferstandene Herr ist nicht der historische Jesus *hinter* den Evangelien, sondern der Christus der apostolischen Predigt, des ganzen Neuen Testamentes. (20)

Deshalb lasse sich, um zur Begegnung mit Christus zu gelangen, nicht historisch hinterfragen, sondern nur gläubig ergreifen, was die Evangelien bezeugten. Der faktenorientierte Blick, der nach dem »historischen Jesus« frage, sei blind für das, was die Evangelien übermitteln wollten, er »verdeckt uns den lebendigen Christus« (4). Als Christ müsse man – wie Paulus (und später Rudolf Bultmann) – nur wissen, »daß Christus gestorben sei für unsere Sünden nach der Schrift und daß er begraben sei und daß er auferstanden sei am dritten Tage nach der Schrift und daß er gesehen worden ist« (16).

Kähler berührte damit einen wunden Punkt. Bis dahin hatte sich die Bibelforschung vor allem um historische Rekonstruktionen, aber kaum um den Verkündigungscharakter der Texte gekümmert. Sie hatte den Hunger der Zeit nach geschichtlichen Fakten bedient, konnte aber zur Bedeutung der

Bibel für den Glauben der Gegenwart wenig beitragen. (Bald darauf, im Jahr 1896, bestätigte dies aus entgegengesetzter Perspektive auch der junge liberale Theologe Ernst Troeltsch auf der schon erwähnten Tagung, als er davon sprach, dass im evangelischen Glauben »alles wackelt«. Allerdings sah er nicht nur die Bibel, sondern auch Moral, Glaube und Dogmatik in den Sog des geschichtlichen Denkens geraten: »Der gesammte Supranaturalismus des kirchlichen Systems«, so gibt ein Zeitungsbericht Troeltschs Redebeitrag wieder, »sei so stark ins Wanken gekommen, daß noch heute auch der erleuchtetste Dogmatiker nichts als Stückwerk bieten könne« [1004].)

Kähler dagegen ordnete mit dem Gedanken, dass das Zeugnis der Evangelien »mithin bereits Dogmatik« sei, das Feld zwischen Exegese und Dogmatik neu. Traditionell gehörten die Evangelien (neben anderen Schriften und Dokumenten) zu den Objekten, die von der Dogmatik interpretiert wurden. Nun aber rechnete Kähler die Evangelien selbst zur Dogmatik, zum »Ausdruck des Christusglaubens«. Das war insofern zutreffend, als die Evangelien tatsächlich keine distanzierten Tatsachenberichte waren, die die Ereignisse um Jesus nüchtern und akribisch festhielten. Sie waren selbst Interpretation, Deutung, Zeugnis – also entschieden *gläubige* Reaktionen auf das Geschehen. Deshalb sollten sie nach Kählers Ansicht auch nicht auf ihre Hintergründe hin untersucht, sondern als Glaubenszeugnisse verstanden und angenommen werden.

Für Kähler lag die Aufgabe der Dogmatik darin, die Geschichte von Jesus aus der Perspektive der Kirche so auszulegen, dass ihre (Heils-)Bedeutung für die Gläubigen späterer Zeiten erkennbar wurde. Die historische Bibelforschung konnte das aus sich heraus nicht. Sie konnte sich bestenfalls jenen Bedeutungen annähern, die die Verfasser der Schriften zu ihrer Zeit und *für* ihre Zeit den Ereignissen gegeben hatten. Indem Kähler nun den Bereich der Dogmatik auf die Evangelien ausweitete, schränkte er nicht nur das Terrain der kritischen Bibelwissenschaft ein, sondern verlagerte die Aufmerksamkeit von der *Historizität* der Erzählungen auf ihre *Aktualität*. (Der katholische Philosoph Maurice Blondel nannte dies ein paar Jahre später in seinem ähnlich gelagerten Versuch *Geschichte und Dogma* den »Mehrwert« der Texte.)

Damit leitete Kähler eine bedeutende Wende in der Debatte um die Bibel ein – und zugleich die allmähliche Abkehr von der Liberalen Theologie. Die Bibelwissenschaft wurde zunehmend als störend bei der gläubigen Aufnahme der biblischen Botschaft eingestuft und die *theologische* Lektüre als der sinnvollere Weg vorgeschlagen.

Dem stimmte auch Karl Barth (1886–1968) ausdrücklich zu: Die historisch arbeitende Exegese habe zwar ihr Recht bei der Vorbereitung des Textverständnisses, wirklich notwendig sei aber vor allem die *theologische* Exegese. Wenn er die Wahl hätte zwischen der historisch-kritischen Methode und der traditionellen Inspirationslehre, wonach die Bibel von Gott unmittelbar inspiriert sei, würde er »entschlossen zu der letzteren greifen«. Natürlich habe Paulus, so führte Barth in seinem berühmten Buch zum *Römerbrief* aus, zu seinen Zeitgenossen geredet. Aber viel wichtiger für die Auslegung seiner Briefe sei doch die Tatsache, »daß er als Prophet und Apostel des Gottesreiches zu allen Menschen aller Zeiten« rede:

> Die Unterschiede von einst und jetzt, dort und hier, wollen beachtet sein. Aber der Zweck der Beachtung kann nur die Erkenntnis sein, daß diese Unterschiede im Wesen der Dinge keine Bedeutung haben. (V)

Wo die Liberale Theologie noch nach »bleibenden Werten« in all den historisch gebundenen Texten suchte (damit aber der Barbarei des Ersten Weltkriegs nichts Ernsthaftes entgegensetzen konnte), ging es Barth und seiner Dialektischen Theologie um die Herstellung von Unmittelbarkeit, von Gleichzeitigkeit. Das ganz andere Wort, das Gott den Menschen von jenseits ihrer Kultur zurufe, müsse naturgemäß fremd und befremdlich sein, sonst sei es nur ein Spiegelbild der eigenen bürgerlichen Werte und habe keine Kraft, den Menschen etwas zu sagen.

So tat sich ein immer tieferer Riss in der Theologie auf: Während die Exegese darauf beharrte, dass die Bibel »mehr, weniger und anderes« sage, als die Dogmatik behaupte, hielt die Dogmatik der Exegese vor, dass sie den lebendigen Christus verdecke (Kähler) oder dass ihre historischen Unterscheidungen »keine Bedeutung« (Barth) für den Glauben hätten. In der Tat konnte die Exegese als solche zur *Aktualität* der Jesusgeschichte für die Gegenwart nur wenig beitragen, die Dogmatik indessen zur gläubigen Annahme des Evangeliums oder zum Hören auf den »ganz Anderen« nur auffordern.

In dem Maße, wie die beiden Fächer sich zunehmend gegeneinander positionierten, konnten sie sich gegenseitig nicht mehr ergänzen oder einander weiterhelfen. Mit Konsequenzen auch für die Verkündigung: Eine lebendige Wiedergabe der Ereignisse um Jesus, die deren geschichtliche Dimension ernst nahm, zugleich aber ihre Bedeutung für Menschen der Moderne aufzuzeigen versuchte, gelang immer weniger.

Daran hat sich trotz manchem Hin und Her bis in unsere Gegenwart nichts Wesentliches geändert. »Die Vertreterinnen und Vertreter der Exegese ärgern sich, dass sie an Forschungsergebnissen präsentieren können, was sie wollen, ohne dass das einen erkennbaren Einfluss auf den systematisch-theologischen Diskurs gewänne. Und die SystematikerInnen nehmen mehr oder weniger fassungslos zur Kenntnis, wie sie seitens der Exegese prinzipiell der haltlosen Spekulation bezichtigt werden« (Klaus Müller, 7). Sowohl Exegeten als auch Dogmatiker beklagen die Situation, nennen sie ein

Trauerspiel. Manche geben dem eigenen Fach und manche dem anderen die Schuld. Ich erwähne nur vier exemplarische Stimmen.

Der protestantische Theologe Gerhard Ebeling (1912–2001) fordert schon in den 1950er-Jahren die dogmatische bzw. systematische Theologie dazu auf, »daß sie nicht nur die Ergebnisse der historisch-kritischen Forschung berücksichtigt – selbst das läßt sehr zu wünschen übrig –, sondern daß sie auch die Problemstellung der historisch-kritischen Methode voll und ganz in ihren Ansatz aufnimmt« (47).

Der katholische Neutestamentler Karlheinz Müller versteht, dass sich die Dogmatik mit den konkreten Widersprüchen zwischen kirchlicher Lehre und Exegese schwertut, doch müsse die historische Bibelkritik »zwingend« Fragen und Einsichten formulieren, »welche der dogmatischen Überlieferung widersprechen« (335), da sie als wissenschaftliche Disziplin dem antiken Ursprungssinn der Texte verpflichtet sei. Er beklagt aber, dass die systematischen Disziplinen darauf meist mit dem »Verschieben der biblischen Exegese auf das Abstellgleis der sogenannten ›historischen Fächer‹« (347) reagierten, also mit dem Nicht-zur-Kenntnis-Nehmen der Ergebnisse der Bibelwissenschaft.

Der protestantische systematische Theologe Friedrich Wilhelm Graf macht das Problem indessen in der zunehmenden Differenziertheit der exegetischen Forschungen aus: »Die Theologien leiden unter einem grotesken Übergewicht der exegetischen Disziplinen, die sich, angesichts der knappen Bestände an heiligen Texten, in ein für Außenstehende absurdes philologisches Spezialistentum verrannt haben.«

So trifft also ein mitunter tatsächlich schwer zugängliches Spezialwissen der einen Seite auf den oftmals grimmigen Unwillen der anderen Seite, sich infrage stellen zu lassen. Der amerikanische protestantische Bibelwissenschaftler Brevard Childs (1923–2007) geht davon aus, dass der »eiserne Vorhang«, der Bibelwissenschaft und Dogmatik trenne, nicht nur einer der beiden Seiten anzulasten sei: »Ich bin sicher, daß der Fehler bei beiden Disziplinen liegt, jedenfalls verhindern tiefes Mißtrauen und Desinteresse ernsthafte Zusammenarbeit« (16).

So ausgewogen lässt sich die Lage in der katholischen Kirche nicht beschreiben. Im Katholizismus ist der Riss zwischen Exegese und Dogmatik nicht zu thematisieren, ohne die unterschiedliche Nähe der beiden Fächer zum Machtzentrum des Lehramts mit in den Blick zu nehmen. Während die katholische Dogmatik sich traditionell oft als die »eigentliche« Theologie versteht, war es der katholischen Bibelwissenschaft lange Zeit gar nicht erlaubt, historisch-kritisch zu arbeiten.

Erst 1943 gestand Papst Pius XII. den katholischen Bibelwissenschaftlern in seiner Enzyklika *Divino afflante Spiritu* zu, »mit Hilfe der Geschichte, der Archäologie, der Ethnologie und anderer Wissenschaften genau [zu] bestimmen, welche literarischen Arten die Schriftsteller jener alten Zeit anwenden wollten und in Wirklichkeit anwandten« (Nr. 28). Das war ein wesentlicher Umbruch, der auch auf dem Zweiten Vatikanischen Konzil weiter bekräftigt wurde.

Bis zum Konzil setzten dogmatische Erörterungen mit der jeweiligen kirchlichen Lehrvorlage ein; diese wurde dann mittels eines sogenannten »Schrift- und Traditionsbeweises« (Zitate aus Bibel und Kirchenvätern) in ihrer Wahrheit bestätigt und anschließend theologisch durchbuchstabiert: Die »Heilige« Schrift hatte also lediglich die Funktion, die dogmatischen Aussagen zu bestätigen – Denkanstöße hatte sie nicht zu geben, geschweige denn gängige Meinungen infrage zu stellen. Erst im Konzilsdokument *Dei Verbum* wurde die Schrift als »Fundament« und »Seele« der Theologie bezeichnet (Nr. 24) und in der Folge dann auch ansatzweise etwas ernsthafter »heiliggehalten«.

Trotzdem werden katholische Bibelwissenschaftler weiterhin mit Argwohn beäugt; man lässt sie gewähren, solange sie nicht an offizielle Lehren rühren und sich im Übrigen eher auf dem »Abstellgleis« der historischen Fächer bewegen. Eine freie Auseinandersetzung zwischen Exegese und Dogmatik kommt kaum zustande, da das, was gedacht und gesagt werden kann, sich bis in die Gegenwart im klar umgrenzten Rahmen des katholischen Lehrgebäudes zu bewegen hat. Dogmatiker, die sich in den Jahrzehnten nach dem Konzil anschickten, die neuen bibelwissenschaftlichen Erkenntnisse in ihre Reflexionen aufzunehmen, bekamen es häufig mit der römischen Glaubenskongregation zu tun. Meist ging es dabei um Fragen der Christologie.

So wurde etwa gegen den belgischen Dominikaner Edward Schillebeeckx (1914–2009) wegen seines 1974 erschienenen Buchs *Jesus. Die Geschichte von einem Lebenden* ein lehramtliches Verfahren eingeleitet (neben zwei anderen Verfahren). Das Buch habe »schwere Bedenken« hervorgerufen hinsichtlich der von ihm verwendeten exegetischen Forschung und hinsichtlich der Darstellung des »historischen Jesus in bezug auf seine menschliche Person« (79), wie Schillebeeckx in einem Gespräch selbst schildert.

Während sich Schillebeeckx am Ende aber erfolgreich verteidigen konnte, wurden etliche Aussagen in den Werken *Christologie der Befreiung* und *Der Glaube an Jesus Christus* des salvadorianischen Jesuiten Jon Sobrino von der Kongregation für die Glaubenslehre 2006 in einer »Notifikation« verurteilt. Sobrino geht mit dem »geschichtlichen Blick« nicht nur an das irdische Leben Jesu heran, sondern auch an die sich anschließenden Jesus-Deutungen im Neuen Testament und in der späteren Dogmenbildung. Zudem nimmt er das zeitgeschichtliche Umfeld der Zeit Jesu wie auch der Gegenwart so präzise wie möglich wahr, damit überhaupt ein Gespräch über die Zeiten hinweg zustande kommen kann. Bei der

Frage, welche Bedeutung Jesus selbst seinem Tod gegeben habe, stellt er dann beispielsweise fest:

> [...] daß der historische Jesus seinen Tod nicht als Erlösungstod interpretiert hat, wie es später die soteriologischen Modelle tun, die im Neuen Testament ausgearbeitet wurden: Sühneopfer, stellvertretende Sühne ... Mit anderen Worten: Es gibt keinen Hinweis darauf, daß Jesus selbst seinem Tod einen absoluten, transzendenten Sinn beimaß, wie das später im Neuen Testament geschah. (*Christologie der Befreiung*, 279)

Die Glaubenskongregation sah in solchen Einordnungen eine Relativierung, auch wenn Sobrino dem normativen Charakter der dogmatischen Aussagen ausdrücklich zustimmte. Sie kritisierte: »Nur die Menschennatur Jesu kommt hier ins Spiel und nicht der Sohn Gottes, der für uns und unsere Erlösung Mensch geworden ist« (Nr. 10).

Das ist ausgesprochen aufschlussreich am Duktus des Dokuments der Glaubenskongregation: Sie argumentiert nicht, sondern listet die bestehenden Lehren zu den einzelnen Fragen auf und fordert, dass diese Lehren im Text erscheinen, dass etwa jede Rede vom irdischen Jesus umgehend mit der Rede vom »Sohn Gottes« verbunden werden müsse, um nicht den Eindruck zu erwecken, dass hier die Menschwerdung oder die Gottessohnschaft Jesu geleugnet werden solle.

Nichts dergleichen hatte Sobrino im Sinn. Ihm ging es vielmehr darum, den Spuren von Jesu eigenen Positionen so weit wie möglich nachzugehen, da ja immer die Gefahr besteht, dass diese Positionen hinter der kirchlichen Lehrbildung unsichtbar werden – zum Schaden der Erzählbarkeit des Geschehens um Jesus.

Die Glaubenskongregation trat in die Auseinandersetzung darüber aber nicht ein; sie akzeptierte auch Sobrinos Erklärungen nicht, sondern verlangte das Vorweisen von Schibboleths, von wiederholten Bekenntnissen zu Positionen der katholischen Lehre, die zum Mitreden in der dogmatischen Diskussion überhaupt erst berechtigen. Sobrino verweigerte sich dem und lehnte es am Ende ab, die »Notifikation« zu unterschreiben. Auch Schillebeeckx hatte zur Zeit seines Verfahrens festgestellt, dass es dabei nicht um eine gemeinsame Suche nach der Wahrheit ging, sondern um die machtförmige Durchsetzung der Deutungshoheit: »Man wollte mich zu Fall bringen, was jedoch nicht gelang« (*Im Gespräch*, 81).

Was steckt hinter alldem? Warum durfte nicht offen diskutiert werden? Fürchtete man die Argumente des »geschichtlichen Blicks«? Als Jon Sobrino sich anlässlich seiner »Notifikation« in einem Brief an seinen Ordensoberen wandte, um ihn über seine persönliche Sicht der Dinge zu informieren, kam er auch auf einen der Prozessbeteiligen zu sprechen: Joseph Ratzinger. Dieser hatte als Präfekt der Glaubenskongregation das Verfahren gegen Sobrino über Jahre hinweg betrieben (lediglich die Veröffentlichung der »Notifikation« blieb seinem Nachfolger überlassen). Sobrinos Auseinandersetzung mit Ratzingers Kritik benennt treffsicher, was im Zentrum des Konflikts stehen dürfte.

So hatte Ratzinger schon 1984 Sobrino vorgeworfen, unter anderem einen Jesus zu präsentieren, dessen Gotteserfahrung »radikal geschichtlich« sei, den Glauben durch die »Treue zur Geschichte« zu ersetzen und Gott mit der Geschichte zu verschmelzen. In dieser Deutung erkennt Sobrino seine Theologie nicht wieder. Nirgends habe er die Geschichte absolut gesetzt oder gar mit Gott verwechselt; es gehe ihm vielmehr um Jesu treue Liebe zu den Geschwistern, worin seine Treue zu Gott glaubwürdig werde. Das »Dasein für die anderen« erhalte im Neuen Testament seine endgültige Gestalt und vermittle so den »Zugang zur Realität Gottes«.

Für Sobrino ist es deshalb entscheidend, die Geschichte nicht zu verabsolutieren, sondern als Ort des menschlichen Lebens ernst zu nehmen. Für das Verständnis der Menschwerdung Gottes sei es fundamental, »dass Christus ein historisch konkretes menschliches Wesen ist«. Wo das nicht eindeutig klar sei, drohe der Doketismus, die Vorstellung also, Jesus sei nur scheinbar ein Mensch gewesen – »die größte Gefährdung des Glaubens« (Brief an Kolvenbach). Denn wenn der irdische Jesus nicht wirklich »wahrer Mensch« sei, wie das Konzil von Chalkedon 451 formulierte, dann wäre die Pointe der Menschwerdung – das vollkommene und radikale Teilen der menschlichen Lebenssituation – zerstört.

In dieser unterschiedlichen Wertung der menschlichen Geschichte dürfte in der Tat der Kern des Konflikts liegen. Im Gegensatz zu Sobrino sieht Ratzinger die Geschichte als einen Ort, an dem man mit aller Kraft den »reditus«, die »Heimkehr« zu Gott, anstreben müsse. Wo er etwas von der »Treue zur Geschichte« hört oder zu hören meint, erwacht sein Grundmisstrauen gegen die emphatische Bejahung der Geschichte als dem Ort der Verwirklichung des Reiches Gottes.

Schon Ratzingers *Einführung in das Christentum* von 1968 ist ein polemisches Pamphlet gegen die Moderne, das geschichtliche Denken, das neue, empirische Konzept von Historie und gegen die Vorstellung der »Machbarkeit«. Zwar gesteht er zu, dass der christliche Glaube auch »etwas« mit Weltgestaltung zu tun habe (42), doch sei er vor allem das Festhalten an Gott und die Option, »daß das Nichtzusehende wirklicher ist als das zu Sehende« (48).

Dementsprechend wirft er »der« modernen Theologie vor, »daß sie sich von Christus abwendet und zu Jesus als dem historisch Greifbaren flieht« (158). Warum die historische Forschung in allen Fällen eine »Abwendung von Christus« und eine »Flucht« zum Greifbaren sein soll, begründet er indessen nicht. Es bleibt bei der pauschalen Behauptung. Offenbar sind solche hochfahrenden Sätze von der Furcht getragen, die Theologie könne durch die Herausforderungen der Moderne das ihr Anvertraute verlieren, indem sie es »stufenweise herunterinterpretiert« (9) – ähnlich, so Ratzinger, wie »Hans im Glück«, der im Märchen das erworbene Gold für Bequemeres, Nützlicheres eintauscht.

Konzilianter erscheint auf den ersten Blick Ratzingers dreibändiges Spätwerk *Jesus von Nazareth*. Mehrfach betont er darin die Bedeutung der historisch-kritischen Methode und nennt sie »unverzichtbar« (14), bezieht sich auch auf (ältere) exegetische Werke. Doch zugleich erinnert er an die »Grenzen« der Methode: Sie bleibe ihrem Wesen nach in der Vergangenheit stehen, könne also die Aktualität, den »Mehrwert« der biblischen Worte bestenfalls erahnen, aber nicht »heutig machen« (15). Dergleichen könne »nicht aus purer historischer Methode hervorkommen« (18) – sie könne sogar gefährlich und teuflisch sein.

Mit Bezug auf die *Kurze Erzählung vom Antichrist* des russischen Schriftstellers Wladimir Solowjew (1853–1900), worin der »Antichrist« als Bibelgelehrter einen Ehrendoktor von der Universität Tübingen erhält, merkt Ratzinger an:

> Solowjew hat mit dieser Darstellung seine Skepsis gegenüber einem gewissen Typ exegetischer Gelehrsamkeit seiner Zeit drastisch ausgedrückt. Das ist kein Nein zur wissenschaftlichen Bibelauslegung als solcher, aber eine höchst heilsame und notwendige Warnung vor ihren möglichen Irrwegen. Bibelauslegung kann in der Tat zum Instrument des Antichrist werden. (64)

Gewiss zeigt diese Passage, wie der Alttestamentler Erich Zenger (1939–2010) kommentierte, Ratzingers »Enttäuschung über die moderne Exegese, ja sogar ein tief sitzendes Misstrauen ihr gegenüber« (30). Zu sehen ist hier aber darüber hinaus, dass die erneute Bekräftigung des Respekts gegenüber der »wissenschaftlichen Bibelauslegung« nicht zu deren Würdigung führt, sondern die Funktion hat, die sich anschließende Woge heftigen Ressentiments überhaupt erst zu ermöglichen:

> Und der Antichrist sagt uns dann mit hoher Wissenschaftlichkeit, dass eine Exegese, die die Bibel im Glauben an den lebendigen Gott liest und ihm selbst dabei zuhört, Fundamentalismus sei; nur *seine* Exegese, die angeblich rein wissenschaftliche, in der Gott nichts sagt und nichts zu sagen hat, sei auf der Höhe der Zeit. (65)

Dass Ratzinger hier geradezu gehässig formuliert, dürfte seine wahre Gefühlslage eher verraten als seine höflichen Verbeugungen vor der historisch-kritischen Methode. Hier zeigt er, was er wirklich denkt: dass der Vorwurf des Fundamentalismus vom »Antichrist« komme, dass die wissenschaftliche Exegese jede gläubige Lektüre der Bibel denunziere und so beschaffen sei, dass Gott in ihr nichts zu sagen habe.

Den Gegenentwurf stellt Ratzingers Buch dar. Natürlich hat auch er den »Riss zwischen dem ›historischen Jesus‹ und dem ›Christus des Glaubens‹« (10) wahrgenommen; deshalb geht es ihm darum, den Gegensatz zwischen beiden aufzulösen, indem er es unternimmt, »den Jesus der Evangelien als den wirklichen Jesus, als den ›historischen Jesus‹ im eigentlichen Sinn darzustellen« (20).

Die Evangelien erzählten ihre Geschichten nicht »als Symbole über geschichtliche Wahrheiten«, sondern als »Factum historicum«. Das zumindest behauptet er – ohne dies näher auszuführen. Ausgangspunkt sei die Inkarnation, die Menschwerdung Gottes: »*Et incarnatus est* – mit diesem Wort bekennen wir uns zu dem tatsächlichen Hereintreten Gottes in die reale Geschichte« (14).

Wäre Jesus nicht auch »historisch« der Christus gewesen, dann wären über ihn keine Evangelien verfasst worden. Um die Evangelien zu verstehen, müsse man sie als Christuszeugnisse lesen. Das allerdings erfordere einen vorausgehenden »Glaubensentscheid« (18), der es erst möglich mache, die Bibel so aufzufassen, wie sie gemeint gewesen sei. Nur dem Glaubenden erschließt sich nach Ratzinger die Wahrheit des Christentums, nicht aber den Ungläubigen, den Juden und Angehörigen anderer Religionen. Und schon gar nicht der Bibelwissenschaft: »Freilich, zu glauben, dass er wirklich als Mensch Gott *war* und dies in Gleichnissen verhüllt und doch immer unmissverständlicher zu erkennen gab, überschreitet die Möglichkeiten der historischen Methode« (21).

Darum kehrt Ratzinger das Vorgehen der Exegese radikal um: Sein Ausgangspunkt ist nicht der Mensch Jesus, sondern Christus, der Sohn Gottes. Und dessen göttliche Spuren macht er in allen Taten und Worten des Jesus von Nazaret aus. Nur so könne man »in Jesus Christus den Schlüssel des Ganzen« sehen. Aus dieser Warte seien Jesus und Christus identisch, gebe es keine Widersprüche – weder zwischen dem irdischen Jesus und dem verkündigten Christus noch zwischen den neutestamentlichen Aussagen und der Christologie des Konzils von Nicäa im Jahr 325 n. Chr. Und schließlich sei aus dieser Warte auch die »innere Einheit der Schrift« und ihre historische Glaubwürdigkeit zu erkennen.

Entsprechend viel Mühe verwendet Ratzinger darauf, die »innere« Zusammengehörigkeit der unterschiedlichen, einander oft widersprechenden Texte des Neuen Testaments und der ganzen Bibel aufzuzeigen. Er fragt nicht nach unterschiedlichen Entwicklungsstufen der Texte, interessiert sich nicht für ihre Entstehungsgeschichte, sondern liest sie in der Endgestalt des christlichen Kanons der Schriften. Nach seiner Lesart weisen alle Texte der Bibel miteinander und je auf ihre Art auf Christus hin.

Für Ratzinger sind damit Geschichte und Dogma versöhnt; die frühchristliche Dogmenentwicklung und die gläubige Lektüre der Bibel sind rehabilitiert. Ungeachtet der Frage, ob man dies überzeugend findet, würde ich die Kritik an diesem Programm in drei Hauptpunkten zusammenfassen.

Erstens: Gewiss ist es legitim, die Bibel als Einheit zu betrachten, denn schließlich haben Christentum wie Judentum ihre jeweiligen Versionen der Bibel *als Ganzes* zu ihrer jeweiligen Heiligen Schrift gemacht. Problematisch wird es jedoch, wenn die Unterschiede innerhalb dieses Ganzen eingeebnet werden, wenn die Lektüre von einem Einheitspunkt aus – bei Ratzinger ist es Jesus Christus, auf den alles »hingeordnet« sei – zu einer Vereinheitlichung der Vielfalt führt.

Der US-amerikanische Judaist Jon D. Levenson hat schon vor einiger Zeit darauf hingewiesen, dass der Entwurf einer gesamtbiblischen Theologie, wie er von manchen Christen unterstützt wird, für das Judentum nicht infrage komme. Der Versuch, »eine systematische, einheitliche theologische Aussage aus den unsystematischen und polydoxen Materialien in der Hebräischen Bibel zu konstruieren« (421), werde dem eigenständigen Charakter der verschiedenen biblischen Bücher nicht gerecht.

Die Widersprüche zwischen den unterschiedlichen Texten, die ja bewusst in den biblischen Kanon übernommen wurden, sind ein Reichtum an Pluralität, der nicht aus dem Blick geraten sollte. Im Judentum gehört es zum allgemeinen Bewusstsein, dass es zu allen Fragen verschiedene Positionen gibt und geben muss. Eine vergleichbare Grundhaltung bestimmte auch die Entstehung des Kanons der neutestamentlichen Bücher (deren Verfasser in ihrer überwiegenden Mehrheit ebenfalls Juden waren): Beispielsweise bietet das Neue Testament vier Evangelien, nicht nur eines. Sie sind von unterscheidbaren, zum Teil einander widersprechenden Theologien getragen, ebenso wie etwa die Theologie von Paulus konträr zu anderen theologischen Positionen der frühen Gemeinden liegt. Und übers ganze Neue Testament verteilt sind ungefähr fünfzehn verschiedene Deutungen vom Leben und Tod Jesu Christi auszumachen. Das könnte eine Grundlage für eine Pluralität der Anschauungen in den christlichen Kirchen sein; bei Ratzinger geht diese »Einheit in Vielfalt« durch den – eigentlich bibelfremden – Konstruktionspunkt von der katholischen Dogmatik her verloren. Bei ihm gibt es nur »das« Evangelium und »den« Christus des Glaubens.

Zweitens: Dogmatik will per se eindeutige Sätze, klare Definitionen. Exegese aber schafft per se Uneindeutigkeit, Ambiguität – auch das ein Kennzeichen der Moderne. Sie macht einen vielstimmigen Chor hörbar, der nicht dazu angetan ist, klare Denkvorgaben und Verhaltensanweisungen zu liefern. Das ist mit ein Grund für die Unzufriedenheit der Dogmatik mit der Exegese. Der Wunsch, dieser Vieldeutigkeit entgegenzutreten, indem man aus der Bibel einen in sich stimmigen, einheitlichen Sinn herausarbeitet, ist verständlich, zugleich aber ein untauglicher und kontraproduktiver Weg, auf die Moderne zu reagieren. Denn zum einen werden die unterschiedlichen Positionen innerhalb der Bibel auf Dauer trotzdem nicht unsichtbar bleiben, und zum anderen braucht jede Religion, wie der Arabist Thomas Bauer sagt, eine »relativ hohe Ambiguitätstoleranz« (33), um gedeihen zu können. Transzendenz ist weder »restlos ausdeutbar« (34) noch endgültig begrifflich zu fassen. Immer bleiben Mehrdeutigkeiten und Vagheiten. In dieser Unbestimmtheit atmet und entwickelt sich Religion, entfaltet sich die Autonomie der Einzelnen und ihr freies Ja oder Nein zu Gott; wo aber – wie zum Beispiel im Ultramontanismus – versucht wird, diese Ambiguität durch eindeutige Definitionen zurückzudrängen, verliert der Glaube seine Lebendigkeit. Nicht erst in Ratzingers Theologisieren von der »Einheit der Schrift« her tritt diese Linie der Ambiguitätsintoleranz zutage – sie hat sich auch in seiner

Zeit als Präfekt der Glaubenskongregation und als Papst gezeigt. Die Päpste Johannes Paul II. und Benedikt XVI. haben nach Einschätzung von Matthias Drobinski in diesen Jahren »das Ambige in ihrer Kirche als Problem gesehen [...], als ängstigenden, möglichst gründlich zu beseitigenden Missstand. [...] Die katholische Kirche ist aber nicht eindeutig geworden, sondern krank, gespalten und nach innen wie nach außen kommunikationsgestört« (4).

Drittens: Mit dem Gedanken, dass die zentralen Geschichten des Christentums keine Mythen, sondern reale historische Ereignisse sind, widersetzt sich Ratzinger – zu Recht, wie ich meine – einer bloß symbolischen Lesart der Evangelien: Für das christliche Verständnis vom Heil muss sich wirklich etwas *in* der Geschichte ereignet haben. Doch mit dem Anspruch, den Jesus der Evangelien *als* den »eigentlichen« historischen Jesus darzustellen, liest er die Erzählungen der Evangelien nicht als die religiösen Zeugnisse, die sie sein wollen, sondern als historischen Text. Er »dogmatisiert« gewissermaßen die Geschichte, indem er den Inkarnationsgedanken in die Faktengeschichte einträgt. Damit aber werden wesentliche theologische Aussagen verdinglicht: Sie sollen als Fakten »geglaubt«, aber nicht gedeutet werden.

Die Fixierung auf die Faktizität repräsentiert in den Augen von Wolfgang Stegemann »einen spezifisch westlichen, kulturellen Anspruch an diese Texte« (263), der die altorientalischen Erzählweisen und die kulturellen, vorwissenschaftlichen, positionellen Bindungen der Texte übergeht und sie stattdessen auf das »Geschehensein« des Berichteten reduziert. Ein solcher Umgang mit den Texten legt sich aber »weder aus der Bibel selbst noch aus ihrem Charakter als heiliger, religiöser Schrift« (262) nahe.

Zu jedem dieser drei Kritikpunkte haben auch Bibelwissenschaftler Stellung genommen, die einen schärfer, die anderen zurückhaltender. Man könnte das Ergebnis als Paradox beschreiben: Ratzingers Beschwörung der Einheit der Schrift sowie der Einheit von Schrift und Theologie hat den Riss zwischen Dogmatik und Exegese nicht geheilt, sondern eher noch vertieft. Der Neutestamentler Rainer Kampling bescheinigt Ratzingers Buch »eine monokausale Schuldzuweisung für die Verunsicherung der Gläubigen an die Exegese« (69).

Für die Dogmatik war der Gewinn des Unternehmens zweifelhaft: Der totalisierende Zugriff auf die Bibel unter dem Anspruch, sie aus christlicher Perspektive eindeutig, univok interpretieren zu können, hat die Erzählbarkeit der biblischen Botschaft nicht gestärkt, sondern alle Einzelgeschichten einem autoritativ gültigen »master narrative« untergeordnet, das »Glaubensgehorsam« oder einen »Glaubensentscheid« fordert, nicht aber das Gespräch zwischen den sehr unterschiedlichen Zeiten, der biblischen Zeit und der Jetztzeit, fördert.

Aufseiten der Exegese herrscht heute eine gewisse Resignation, was die Hoffnung auf eine bessere Verständigung mit der Dogmatik angeht; sie sucht und findet ihre Gesprächspartner stattdessen vermehrt in den weltweiten Bewegungen für Befreiung und Gerechtigkeit, im interreligiösen Dialog sowie in den postmodernen Gender-, Postkolonialismus- und Queer- Debatten. Den Positivismus des 19. Jahrhunderts, der nur den (natur-)wissenschaftlich nachweisbaren Fakten einen Wahrheitsgehalt zuspricht, haben die meisten Exegeten längst hinter sich gelassen, auch wenn Einzelne sich weiterhin unverdrossen darum bemühen, den »historischen Jesus« von »frommen Gemeindestimmen« zu trennen.

Die intensive Befassung der Exegese mit den vielfältigen kulturellen und historischen Hintergründen biblischer Texte, mit den orientalischen und antiken Denkformen sowie ihren redaktions-, religions- und traditionsgeschichtlichen Differenzierungen hat interkonfessionell und interreligiös zu Ergebnissen auf höchstem Niveau geführt, doch zugleich

»konnte sich die historisch-kritische Exegese bis heute keinen angemessenen Raum im Bereich der volkskirchlichen Vollzüge verschaffen« (Schmid, 327). Ihr Einfluss auf Predigt und Katechese ist gering.

Die Auswirkungen dieses Risses zwischen den beiden Disziplinen auf die Lage des Christentums sollten nicht unterschätzt werden. Während viele Menschen der Gegenwart sich angesichts der kleinteiligen Analysen der Exegese fragen, warum sie so etwas denn wissen sollten, fragen sie sich angesichts der Darlegungen der Dogmatik, warum sie die Geschichten von Jungfrauengeburt, Gottessohnschaft, Sühnetod und Totenauferstehung denn glauben sollten. Die Bedeutung des christlichen Glaubens versank im Riss zwischen Exegese und Dogmatik.

Kapitel 4
Auf der Suche nach Bedeutung

»Daß Jesus Christus ein geborner Jude sei«, schrieb schon Martin Luther im Jahr 1523. Für die Juden war diese Feststellung damals ein Problem; denn Luther warf ihnen vor, vom Glauben ihrer Väter abgefallen zu sein, als sie sich weigerten, Jesus als den Sohn Gottes anzuerkennen: Damit hätten sie sich den Zorn Gottes zugezogen – und offenkundig auch den Zorn der Christen. Gut zweihundert Jahre später gebrauchte Hermann Samuel Reimarus, wie bereits erwähnt, fast dieselben Worte über Jesus – »Uebrigens war er ein gebohrner Jude« –, doch das hatte ganz andere Folgen, denn Reimarus fuhr fort: »und wollte es auch bleiben; er bezeuget er sey nicht kommen das Gesetz abzuschaffen, sondern zu erfüllen«.

Jesus als bewusster und toratreuer Jude – das war dann doch eine ungewohnte, neue Sichtweise, die sich da gegen Ende des 18. Jahrhunderts Bahn brach. Aber es war nicht von der Hand zu weisen: Laut dem, was die Evangelien erzählen, ging Jesus »nach seiner Gewohnheit am Schabbat in die Synagoge« (Lk 4,16), hielt die Gebote der Tora für maßgeblich (Mt 5,17–18), pilgerte mehrmals zu Pessach und anderen Festen nach Jerusalem (Joh 3; 12; 5,1; 7,10; 10,22) und sah sich »nur gesandt zu den verlorenen Schafen des Hauses Israel« (Mt 15,24). Beginnend mit diesen einfachen Beobachtungen, für die es noch keiner aufwendigen bibelwissenschaftlichen Operationen bedurfte, änderte sich die Wahrnehmung des

Neuen Testaments grundlegend: Je genauer man hinschaute, desto jüdischer schaute Jesus zurück.

Und das war dann ein Problem für die Christen. Denn damit stellte sich die Frage nach der Bedeutung Jesu für den christlichen Glauben neu: Wenn es stimmte, dass Jesus seine Zugehörigkeit zum Judentum weder aufkündigen noch das Judentum überwinden wollte, was folgte daraus? Wie konnte er dann zugleich der Sohn Gottes und der kirchlich verkündigte Christus, der Erlöser der Welt sein?

Diese Fragen trafen den christlichen Glauben mitten ins Herz. Für diejenigen, die im Gefolge der Aufklärung Jesus in erster Linie als einen Menschen sahen, wurde es schwierig, an Jesu Bedeutung als Erlöser aller Menschen von ihren Sünden und als Überwinder des Todes festzuhalten. Für die anderen, für die Jesus unumstößlich der Sohn Gottes war, der Christus, der »persönliche Heiland«, war die Entdeckung, dass nicht Glaubensfeinde, sondern die Evangelien Jesus als tiefgläubigen Juden präsentierten, eine zutiefst irritierende Angelegenheit.

Auf beiden Seiten des Spektrums der möglichen Grundhaltungen gegenüber Jesus Christus drohte ein eklatanter Bedeutungsverlust der Zentralgestalt des Christentums. Und auf beiden Seiten gab es entsprechend unterschiedliche Versuche, die verlorene Bedeutung wiederzugewinnen.

Betrachten wir zunächst die Bemühungen einiger historisch arbeitender Bibelwissenschaftler und Theologen seit dem späten 18. Jahrhundert. Ein wesentliches Stichwort für eine »aufgeklärte« Interpretation Jesu hatte bereits Reimarus gegeben, als er ihn wiederholt als einen *Lehrer* bezeichnete, dem es vor allem darum gegangen sei, seine ethischen Maximen unter die Leute zu bringen.

Für jene, die die zeitenübergreifende Bedeutung Jesu und damit auch das Christentum retten wollten, war das Bild eines Lehrers und Vorbilds, dem man nachfolgen konnte, ein

Anhaltspunkt. Mit diesem Bild konnte man Jesus ohne Rückgriff auf übernatürliche Erklärungen auch für die Gegenwart als bedeutsam herausstellen: Jesus war der, der die Menschen von ihren Sünden und ihrer Unwissenheit erlösen konnte, indem er sie ethisches Verhalten lehrte.

Wenn aber Jesus unbestreitbar Jude war – warum sollte gerade *er* ein überragender Lehrer sein? Was konnte er die Christen dann lehren? Worin bestanden seine Besonderheit und Unvergleichlichkeit, die die Beschäftigung mit ihm rechtfertigten? Nach Jahrhunderten der christlichen Judenfeindschaft konnte Jesus für die christlichen Theologen der Nach-Aufklärungszeit deshalb nur ein Jude sein, der sich entschieden vom Judentum absetzte. Er musste deutlich aus dem Judentum seiner Zeit herausragen, um interessant zu sein; er musste ein leuchtendes Vorbild sein, seine Ethik musste der des Judentums weit überlegen sein.

So verfielen etliche christliche Theologen auf eine Doppelstrategie: Zum einen konstruierten sie Jesus als einen besonderen Menschen, der sich selbst vom Judentum distanziert habe, der es überwinden wollte, der dessen Gesetze nicht befolgte, sondern brach, als einen, der in seiner Person eine »Antithese zum Judentum« (214) darstellte, wie Susannah Heschel in einer epochemachenden Studie formuliert. Zum anderen präsentierten sie das Judentum der Zeit Jesu als eine Glaubensgemeinschaft, die sich eigentlich schon überlebt hatte, spirituell unfruchtbar geworden war und sich in den legalistischen Zwängen einer »Gesetzesreligion« verfangen hatte.

So meinte etwa der evangelische Theologe und Philosoph Friedrich Schleiermacher (1768–1834), der »Judaismus« sei »schon lange eine tote Religion, und diejenigen, welche jetzt noch seine Farbe tragen, sitzen eigentlich klagend bei der unverweslichen Mumie und weinen über sein Hinscheiden und seine traurige Verlassenschaft« (191). Der Kirchenhistoriker

August Neander (1789–1850) sah im pharisäischen Judentum wegen »seiner den Geist erdrückenden Satzungen, wie seiner todten Schriftgelehrsamkeit und seiner für das religiöse Leben unfruchtbaren spekulativen Richtung« einen entschiedenen Gegensatz zu dem, »was Christus beseelte« (38 f.). Und der Alttestamentler Bernhard Duhm (1847–1928) sah in der »Gesetzesreligion« des Judentums eine »seltsame Verbindung der größten prophetischen Gedanken und der engherzigsten Beschränktheit« (zit. n. Staubli, 47).

Weil die Juden zur Zeit Jesu geistig und ethisch also längst nicht mehr auf der Höhe der biblischen Prophetie gewesen seien, war es nur folgerichtig, wenn die Christen deren prophetisches Erbe übernahmen. Auch der im 19. Jahrhundert aufgekommene Ausdruck »Spätjudentum« (der bis vor wenigen Jahren noch gebräuchlich war) suggerierte, dass das Judentum jener Zeit seinen Zenit bereits überschritten hatte – ganz im Gegensatz zu Jesus, der einerseits immer wieder auf die Propheten Bezug nahm und sich andererseits von den Pharisäern abgrenzte.

So – das heißt unter Ausblendung der Vitalität und geistigen Kraft des Judentums der Zeit Jesu, unter Nichtbeachtung der großen Rabbinerpersönlichkeiten und der rabbinischen Schriften, deren Gedanken viele Übereinstimmungen mit den Worten Jesu aufwiesen – wurde Jesus als Leuchtturmgestalt entworfen, als »religiöser Virtuose« mit einzigartigem »inneren Leben«, der sich von seiner Umwelt markant unterschied und keinerlei Wurzeln im Denken und der Kultur seines Volkes hatte (das Alte Testament ausgenommen). Und so konnte er letztlich auch den »aufgeklärten« Menschen des 19. Jahrhunderts als einer erscheinen, dessen Weisheit keine jüdische Entstehungsgeschichte hatte, sondern von einem »göttlichen Funken«, von Gottes Gegenwart in ihm selbst inspiriert war.

Viele weitere Belege für diese Art des Umgangs mit dem Juden Jesus könnten aufgeführt werden, vor allem seitens der evangelischen Theologen – dies aber nur, weil sie freier arbeiten und publizieren konnten als ihre katholischen Kollegen und nicht von Indizierungen und Exkommunikationen bedroht waren. Natürlich findet man Vergleichbares auch bei katholischen Gelehrten, wie etwa bei dem französischen Orientalisten Ernest Renan (1823–1892).

Renan hatte zwar das Priesterseminar nach dem Empfang der niederen Weihen wieder verlassen, weil er sich nicht in der Lage sah, den Text der Bibel als unhinterfragbare Darstellung der Wahrheit anzuerkennen, doch er forschte lebenslang weiter. Sein 1863 erschienenes Buch *Vie de Jésus* (»Das Leben Jesu«), der erste Band einer achtbändigen Geschichte der Ursprünge des Christentums, war von Anfang an ein überwältigender Erfolg und wird bis heute in Frankreich und andernorts immer wieder aufgelegt. Zugleich gab es heftige Kritik, unter anderem von bischöflicher Seite. Das berühmte Collège de France, das Renan 1862 auf einen Lehrstuhl für orientalische Sprachen berufen hatte, sah sich sogar gezwungen, die Berufung nach dem Erscheinen des Buchs einstweilen auszusetzen; erst 1870 wurde Renan rehabilitiert.

In *Vie de Jésus* präsentiert Renan das Christentum als die höchste Entwicklungsstufe, die eine Religion erreichen kann, und charakterisiert Jesus als »eine ausgezeichnete Persönlichkeit, welche durch ihr kühnes Auftreten und durch die Liebe, welche sie einzuflößen wußte, den Gegenstand des künftigen Glaubens der Menschheit schuf und den Ausgangspunkt desselben bestimmte« (9).

Die Vergleichsgröße dieser Urteile ist auch hier das Judentum. Auch bei Renan müssen das zurückgebliebene Judentum und die ethisch fragwürdigen Juden dem Christentum als Negativkontrast dienen und ihm auf diese Weise Bedeutung verschaffen. Und natürlich konnte Jesus nur dadurch bedeutsam werden, dass er den Bruch mit diesem Judentum vollzogen hatte:

> Ohne Zweifel geht Jesus aus dem Judentum hervor; aber er geht so daraus hervor wie Sokrates aus der Sophistenschule, wie Luther aus dem Mittelalter, wie Lamennais aus dem Katholizismus, wie Rousseau aus dem 18. Jahrhundert. Man entstammt seinem Jahrhundert und seinem Stamme, selbst wenn man sich gegen sie auflehnt. Weit entfernt, Fortsetzer des Judentums zu sein, stellt Jesus vielmehr den Bruch mit dem jüdischen Geist dar. (215 f.)

Nur indem er sich vom Judentum seiner Zeit getrennt habe, konnte Jesus seine Botschaft authentisch verkünden. Aus dem Propheten der Liebe wurde bei Renan unter der Hand der Überwinder des Judentums. Von hier aus war es kein großer Schritt mehr, Jesus auch mittels rassetheoretischer Erwägungen ganz aus dem Judentum herauszulösen. In seinem weiteren Werk unterscheidet Renan zwischen »semitischen« und »arischen« Sprachfamilien, die völlig unterschiedliche Mentalitäten zum Ausdruck brächten, wobei er jenen zustimmt, die »das Christentum als arische Religion par excellence« betrachteten (zit. n. Heschel, 257).

Die Übergänge zwischen der religiösen Abwertung des Judentums und dem rassistisch formatierten Antisemitismus konnten, wie man sieht, fließend sein. Die theologischen Erwägungen der zitierten Verfasser sind nie zu trennen von den gesellschaftlichen und politischen Entwicklungen ihrer Zeit. Es geht hier indessen nicht darum, die erwähnten Personen an den Pranger zu stellen, sondern die entsprechende innertheologische Dynamik zu verstehen.

Ganz offensichtlich war das Judesein Jesu keine freudige Entdeckung, die neue Aspekte seiner Botschaft sichtbar gemacht, zu einem vertieften Verständnis seiner Person und zu einem engeren Verhältnis zum Judentum geführt hätte. Vielmehr wurden die neuen Sichtweisen als Bedrohung erlebt:

Die christliche Theologie erschien mit einem Male prekär, und die nunmehr unleugbare jüdische Praxis Jesu musste dringend so gedeutet werden, dass Jesus »eigentlich« oder »der Rasse nach« nicht zum Judentum gehörte und kein Verdacht einer inhaltlichen Abhängigkeit vom Judentum aufkommen konnte.

Natürlich fielen europäischen Christen auch im 19. Jahrhundert beim Stichwort »Judentum« sogleich die traditionellen judenfeindlichen Motive wie Gottesmord, Brunnenvergiftung, Hostienfrevel und Ritualmord ein. Die entsprechenden Ressentiments waren leicht abrufbar. Die Rede vom moralisch und religiös verkommenen Judentum zur Zeit Jesu war indessen neu: Sie wurde nicht gebraucht, um zusätzlich Hass zu schüren, sondern um die neue Sicht auf den jüdischen Jesus zu neutralisieren, um weiter christliche Theologie im Einklang mit der Aufklärung treiben zu können. Darin bestand ihre Funktion.

Es handelte sich um ein gänzlich modernes Phänomen, das gegenüber den älteren Formen des Antijudaismus in seinem Eigencharakter gesehen werden sollte: Die judenfeindlichen Auslassungen zahlreicher Bibelwissenschaftler und liberaler Theologen flossen nicht deshalb in ihre Werke ein, weil die Autoren als »Kinder ihrer Zeit« nun einmal so redeten, ohne sich dabei viel zu denken, und auch nicht immer deshalb, weil manche von ihnen tatsächlich leidenschaftliche Judenfeinde waren, sondern weil ihre Darstellung des Christentums anders nicht funktionierte, weil sie nicht wussten, wie sie für das Christentum anders Bedeutung erzeugen konnten.

Mit anderen Worten: Die antijüdischen Motive sind nicht zufällig in die christlich-theologischen Texte jener Zeit hineingeraten – sie wurden gebraucht. Sie erfüllten einen Zweck, der ohne sie anscheinend nicht erreicht werden konnte. Ohne Herabwürdigung des Judentums und gleichzeitige Herausstellung der außerordentlichen »Persönlichkeit« Jesu schien ein »aufgeklärtes« Christentum keine Grundlage als eigenständige, unverwechselbare Religion zu haben.

Geradezu mustergültig treten diese beiden Elemente in ihrer Wechselwirkung bei dem protestantischen Dogmengeschichtler Adolf Harnack (1851–1930) in Erscheinung. Dabei war sich Harnack durchaus der Tatsache bewusst, dass zentrale Elemente der Botschaft Jesu auch bei den biblischen Propheten und selbst bei den Rabbinen und Pharisäern des ersten Jahrhunderts zu finden waren (Abraham Geiger – siehe weiter unten – hatte ihn daran erinnert). Doch je nach dem, *aus welchem Munde* die Worte kamen, wertete Harnack die identischen Aussagen radikal unterschiedlich:

> Pharisäische Lehrer hatten verkündigt, im Gebot der Gottes- und Nächstenliebe sei alles gesagt; herrliche Worte hatten sie gesprochen; sie könnten aus dem Munde Jesu stammen! Aber was hatten sie damit ausgerichtet? Daß das Volk, daß vor allem ihre eigenen Schüler den verwarfen, der mit jenen Worten Ernst machte! Schwächlich war alles geblieben, und weil schwächlich, darum schädlich. Worte thun es nicht, sondern die Kraft der Persönlichkeit, die hinter ihnen steht. Er aber predigte *gewaltig*, »nicht wie die Schriftgelehrten und Pharisäer«: das war der Eindruck, den seine Jünger von ihm gewannen. Seine Worte wurden ihnen zu »Worten des Lebens«, zu Samenkörnern, die aufgingen und Frucht trugen – das war das Neue. (31)

»Neu« musste es in jedem Fall sein, was Jesus verkündigte (ein Motiv, das in der Theologie bis heute immer wieder auftaucht) – auch wenn es uralte Worte waren, die er sagte. Die Pharisäer konnten so viele »herrliche Worte« sprechen, wie sie wollten – was nicht aus dem Munde Jesu kam, aus seiner »Kraft der Persönlichkeit«, war völlig unbedeutend,

»beschwert, getrübt, verzerrt, unwirksam gemacht und um seinen Ernst gebracht«. Nur wenn Jesus selbst sprach, so behauptete Harnack, »brach der Quell frisch hervor und brach sich durch Schutt und Trümmer einen neuen Weg, durch jenen Schutt, den Priester und Theologen aufgehäuft hatten« (31).

Dennoch konnten diese modernen, liberalen Theologen der historischen Arbeitsweise nicht treu bleiben – trotz gegenteiligem Bekenntnis. Indem sie Jesus anhand von Konzepten wie der »göttlichen Gegenwart« in ihm oder seiner »herausragenden Persönlichkeit« mit Bedeutung aufluden, versahen sie ihn nicht nur mit Eigenschaften, die außerhalb der Reichweite historischer Methoden lagen, sondern *enthistorisierten* ihn geradezu, machten ihn unter Ausblendung zahlreicher vorhandener historischer Erkenntnisse zu einem Wesen ohne Kultur und Geschichte, das – quasi vom Himmel gefallen – alles, was es zu sagen hatte, direkt von Gott empfing.

Jüdische Forscher, die im 19. Jahrhundert ebenfalls von Anfang an vom Geist der neuen historischen Arbeitsweise beflügelt waren, etwa Joseph Eschelbacher (1848–1916), Moritz Güdemann (1835–1918) und der wohl herausragendste Vertreter der »Wissenschaft des Judentums«, Abraham Geiger (1810–1874), warfen ihren christlichen Kollegen dann auch vor, nicht auf der Höhe der wissenschaftlichen Standards zu arbeiten, wenn sie wesentliche Quellen ignorierten und die entsprechenden jüdischen Forschungen nicht zur Kenntnis nahmen.

Vor allem Abraham Geiger nahm die Enthistorisierungstendenzen seiner christlichen Kollegen scharf wahr und thematisierte sie immer wieder. Als ausgezeichneter Kenner der jüdischen Literatur der Zeit des Zweiten Tempels (also der Zeit des wiedererrichteten Jerusalemer Tempels nach dem Babylonischen Exil bis zu seiner Zerstörung im Jahr 70 n. Chr.)

konnte Geiger genau belegen, wo etwa Parallelen zu Jesusworten in den Schriften der Rabbinen zu finden waren.

Sein 1864 erschienenes Buch *Das Judentum und seine Geschichte* deutete Jesus als Pharisäer, der ganz und gar zum Judentum seiner Zeit gehörte. Es zeigte Jesus als einen bedeutenden Juden, dem es zusammen mit anderen Pharisäern um eine Erneuerung des Judentums ging. Im frühen Christentum hingegen sah Geiger im Grunde eine Verfälschung der Botschaft Jesu mittels griechisch-heidnischer Kategorien.

Natürlich stieß diese »Gegengeschichte« (Susannah Heschel) bei christlichen Theologen auf helle Empörung – weit über den sachlichen Dissens hinaus. Denn unabhängig davon, wie man sich zur These vom Pharisäer Jesus stellen mochte, entzog Geiger allen Versuchen, Jesus aus dem Judentum herauszulösen, den wissenschaftlichen Boden und entlarvte die fachlichen Unzulänglichkeiten seiner christlichen Kollegen.

So warf er etwa Renan vor, er steigere sich »mehr und mehr zu einem wahren Fanatismus gegen Juden und Judenthum« (170); und an David Friedrich Strauß' Buch *Das Leben Jesu, für das deutsche Volk bearbeitet* bemängelte er, dass es »alle neueren Forschungen über den damaligen Stand des Judenthums nicht kennt oder ignorirt, noch ganz in den alten Anschauungen befangen ist und mit einer wahrhaft vulgären Geläufigkeit die Sprache alter Vorurtheile redet« (295 f.).

Ähnlich unmissverständlich äußerte sich auch der Historiker Heinrich Graetz (1817–1891):

> Ihre Missachtung der sogenannten rabbinischen Literatur und der tannaitischen Geschichtsepoche hat sich an Renan und Strauss […] auf eine empfindliche Weise gerächt, und ihre stylistisch so imposante Darstellung vermag ihren Mangel an historischer Treue und Thatsächlichkeit nicht zu verhüllen. Hoffentlich wird die Zeit

> bald kommen, dass derjenige, welcher die jüdische geschichtliche und agadische Literatur des ersten und zweiten Jahrhunderts nicht kennt, und nicht weiss, dass die Evangelien, die apostolischen Briefe, die Polemik und Apologetik der apostolischen Väter einen durchweg agadischen Zug und Schnitt haben, ebenso wenig an die Urgeschichte des Christenthums herangehen wird, so begabt er auch sonst sein mag, wie etwa ein Historiker an die Biographie Sokrates' und der Sokratiker, der das athenische Leben und die philosophische Bewegung innerhalb dieses Kreises nur oberflächlich kennt. (VII ff.)

In dieser Schärfe angegangen, wussten sich manche christlichen Theologen nicht anders zu helfen, als im Gegenzug die jüdischen Forschungen als minderwertig abzukanzeln. So empörte sich etwa der Alttestamentler Hermann Gunkel (1862–1932) in einem Privatbrief darüber, »mit welcher Frechheit man aus solchen Kreisen gegen uns auftritt«, und sprach sich entschieden gegen die Errichtung einer jüdisch-theologischen Fakultät aus. Er halte nichts davon, »durch Schaffung einer jüdischen Fakultät den jüdischen Geist zu pflegen«. Denn das, was er von jüdischer Wissenschaft (er schreibt »Wissenschaft« in Anführungszeichen) kenne, habe ihm »nie einen besonderen Respekt eingeflößt«. Er suche darum auch keinen »Verkehr mit jüdischen Gelehrten« (zit. n. Christian Wiese, 12 f.).

Äußerungen dieser Art – und sie stehen »stellvertretend für die überwiegende Mehrheit der zumeist liberalen protestantischen Theologen« (Wiese, 12) – weisen darauf hin, dass die Gelehrtenstreitigkeiten zwischen jüdischen und christlichen Wissenschaftlern nicht im luftleeren Raum stattfanden. Sie waren nicht bloß Ausdruck des tradierten christlichen Antijudaismus – also der Ablehnung der jüdischen Religion –, sondern wurden getragen von einem gesellschaftlichen Klima des Antisemitismus – der Ablehnung von Juden schlechthin.

Selbst christliche Forscher, die sich um Erkenntnisse über den »historischen Jesus« bemühten, bekamen den Antisemitismus gelegentlich zu spüren. Schon Reimarus unterstellte man, wie Gunnar Och zeigt, »im Solde der Juden« zu stehen, und über Lessing wurde im *Wienerischen Diarium* und anderen Zeitungen gezielt das Gerücht gestreut, er habe für die Publikation der Reimarus-Fragmente von »jüdischer Seite« Geld erhalten. Und als der Leben-Jesu-Forscher David Friedrich Strauß 1839 wegen heftiger Proteste eine Professur für Dogmatik und Kirchengeschichte an der Universität Zürich nicht antreten konnte, schrieb darüber der Journalist Arnold Ruge in einem historischen Rückblick in der Zeitschrift *Die Gartenlaube*, man habe sich nach dieser Affäre lieber an andere »Zöglinge deutscher Lehrerseminare« gehalten, »die damals noch nicht semitisch angesteckt waren«.

Bibelwissenschaftler, die sich mit historischem Blick den Texten näherten, galten mithin als vom Judentum »infiziert«. So verschränkten sich hier theologische Motive mit Vorstellungen des Unhygienischen und Krankheitserregenden, das heißt mit genuin antisemitischen Assoziationen. Zugleich aber zeigen diese Anfeindungen, dass auch die Gegner des »geschichtlichen Blicks« keineswegs frei von judenfeindlichen Anwandlungen waren.

Das führt uns zur anderen Seite des theologischen Spektrums: Was war mit jenen, die der Aufklärung skeptisch oder ablehnend gegenüberstanden und für die Jesus nicht in erster Linie Mensch war, sondern Christus und Sohn Gottes? Wie gingen sie damit um, dass die Evangelien Jesus als entschiedenen und praktizierenden Juden zeigten?

Als »Prototyp« für diese andere Gruppe von Reaktionen kann das bereits erwähnte Hauptwerk der Neuscholastik gelten: das weit über 2000 Seiten starke Werk *Die Theologie der*

Vorzeit von Joseph Kleutgen SJ. Es macht eine Grundstruktur der dogmatischen Theologie sichtbar, die bis in die Gegenwart bei christlichen Autoren in mehr oder weniger starker Ausprägung zu finden ist.

Kleutgen hatte es unternommen, dem »bösen Zeitgeiste« und seinen »Irrthümern« eine unverbrüchliche Orientierung an der »Vorzeit« entgegenzusetzen: an der Theologie der Kirchenväter und vor allem an der Lehre des Thomas von Aquin, zumindest so, wie das Trienter Konzil diesen verstehen wollte. Trotzdem hat er sich keineswegs auf die Darstellung früherer Theologie beschränkt; schon auf den ersten Seiten wird deutlich, dass das Werk im Grunde eine großangelegte Zurückweisung verschiedener Ansätze neuerer Theologie ist.

Meist nennt Kleutgen die gegnerischen Theologen verallgemeinernd »die Rationalisten«; manche aber erwähnt er auch namentlich, wie etwa Johann Baptist von Hirscher von der Tübinger Schule, Georg Hermes, der in Münster und Bonn Dogmatik lehrte, und sogar den renommierten evangelischen Alttestamentler und Orientalisten Wilhelm Gesenius in Halle. Letztlich liegt darin das Eingeständnis, dass die neueren theologischen Forschungen von der Neuscholastik so ernst genommen wurden und so viele Gemüter beschäftigten, dass man sie nicht einfach ignorieren konnte.

Wie Kleutgen mit dem Juden Jesus umging, ist einfach zu beantworten: Er sprach mit keiner Silbe über ihn – sosehr das Thema in der Luft liegen mochte. Für Kleutgen gab es nur Jesus Christus, den Sohn Gottes, die zweite göttliche Person der Dreifaltigkeit. Und wenn er vom »Sohn Gottes« sprach, kamen die biblisch-jüdischen Dimensionen dieser Bezeichnung nicht in den Blick. Den Einwand »nicht weniger Rationalisten«, dass die Lehre von Christus als dem wahren Gott sich weder in der Bibel noch in den ältesten Überlieferungen nachweisen lasse, lässt er nicht gelten; vielmehr »beweist« er anhand zahlreicher Schriftstellen, dass Jesus Christus »als

Auf der Suche nach Bedeutung

wahrer Gott von seinen Jüngern und den ersten Christen überhaupt bekannt wurde« (III, 18).

Natürlich ist Jesus Christus gemäß der klassischen Zwei-Naturen-Lehre auch für Kleutgen nicht nur »wahrer Gott«, sondern ebenso »wahrer Mensch«. Er hungerte, litt und starb als Mensch, weil er »auch einen wirklichen und dem unsrigen gleichartigen *Leib* besaß« (III, 9). Zugleich aber durfte die Rede von den zwei Naturen nicht bedeuten, dass Jesus auch zwei Persönlichkeiten, eine menschliche und eine göttliche, besaß. Es sei gewiss, »daß es in Gott einen solchen Unterschied nicht gebe. Denn nach der ausdrücklichen Lehre der Kirche *haben* nicht bloß, sondern *sind* die drei Personen die *eine* göttliche Natur oder Wesenheit; das, was der Vater ist, ist der Sohn und der h. Geist, durchaus dasselbe« (I, 99).

Deshalb ist der irdische Jesus für Kleutgen niemals ganz Mensch, sondern immer auch Gott. Das zeige sich etwa an den Wundern, die er tat, an der Unmöglichkeit zu sündigen (III, 304), aber auch an seiner Geistseele, die ihn einzigartig mache: »Denn eine Seele, die er für uns in den Tod hingeben und wiedernehmen konnte, war unsterblich und folglich geistiger Natur« (III, 12).

Folgt man Kleutgen hierin, erübrigt sich die Frage nach dem Juden Jesus. Sie wäre sogar sinnwidrig und irreführend. Denn natürlich musste Jesus seiner Menschennatur nach zwar an einem konkreten Ort auf die Welt kommen, doch seine unsterbliche Seele, mit der er sein Heilswerk vollbrachte, war davon unberührt, ja, *durfte* davon gar nicht berührt sein. Jesus schöpfte seine Weisheit und seinen Glauben demnach nicht aus dem Judentum, sondern aus seinem Einssein mit Gott dem Vater.

Juden – das waren allein die anderen. Diejenigen, die nicht verstanden oder verstehen wollten. Diejenigen, die Jesu Wunder miterlebt hatten und trotzdem nicht glaubten. Diejenigen, die murrend davongingen, statt Jesus »mit Demuth um näheren Aufschluß über das, was sie nicht verstanden, zu bitten« (III, 27). Warum aber, fragt sich Kleutgen, verharren (Präsens!) die Juden weiterhin trotzig im Unglauben? »Weil sie keine Liebe zu Gott haben, sondern nach Ehre und Ansehen bei den Menschen trachten« (IV, 344). So blieb »den Juden« nur eine einzige Konsequenz – der Mord:

> Schon der h. Dionysius von Alexandrien schrieb an Paulus von Samosata: weil der aus Gott von Ewigkeit und aus der Jungfrau in der Zeit Geborne einer und derselbe sei, darum seien die Juden des Gottesmordes schuldig. (III, 304)

Kleutgens Argumentation ist in sich stringent. Sie liefert eine geschlossene Erzählung über die Erlösung der Welt von ihren Sünden durch die gläubige Anerkennung des Erlösers und Gottessohns Jesus Christus. Auf die jüdische Identität und Praxis Jesu ging sie nicht deshalb nicht ein, weil sie ihr als neumodische Sicht ärgerlich gewesen wäre, sondern weil diese Identität, einmal ausgesprochen, nicht mehr dementierbar gewesen wäre – auch wenn man wie Kleutgen die historisch-kritische Bibelwissenschaft ablehnte. Allzu deutlich waren ja die entsprechenden biblischen Belege. Die Erwähnung der jüdischen Identität Jesu hätte eine Theologie nach Kleutgens Art intellektuell unmöglich gemacht. Deshalb wurde diese Identität nicht nur ignoriert, sondern *musste* beschwiegen werden.

Die Herabwürdigung der Juden als Ungläubige und schließlich als Gottesmörder war ein integraler, unverzichtbarer Teil dieser Argumentation. Da die Pharisäer, Schriftgelehrten und Sadduzäer sowie die Juden als Kollektiv in den Evangelien immer wieder auftauchen, *mussten* sie als Kontrastbild oder Antithese betrachtet werden, sonst wäre auch die Positionierung Jesu als Gegenüber des Judentums, als sein Überwinder oder als endgültiger Erfüller der Verheißungen nicht zu halten gewesen.

Die Evangelien sprechen indessen von großem Interesse an den Worten und Taten Jesu (zum Beispiel Matthäus 5,1; 7,28; 8,1; 8,18; 9,36; 11,7; 12,15; 12,23; 14,14; 15,30; 19,2; Markus 2,2; 2,15; 3,7; 3,20; 4,1; 5,24; 6,33 f; 8,1; 10,1; 15,41; Lukas 5,19; 6,17; 8,4; 8,19; 8,40; 14,25; Johannes 6,5; 7,31; 8,30; 10,41; 12,9) und zeichnen so ein sehr viel differenzierteres Bild der jüdischen Gesellschaft. Sie lässt sich nicht so umstandslos in einen feindseligen Gegensatz zu Jesus bringen, zumal die vielen, die heranströmten, um Jesus zu hören, ihn natürlich als einen der Ihren verstanden. Auch dies wird bei Kleutgen und allen vergleichbar Argumentierenden verschwiegen (und oft wohl auch einfach nicht wahrgenommen).

Selbst der im Kirchenkampf gegen die Nazis erfahrene Karl Barth konnte in seinen christologischen Reflexionen nicht auf diesen scharfen Gegensatz verzichten. So schrieb er in seiner *Kirchlichen Dogmatik*, das Volk Israel habe sich überlebt, als es die Verheißung Gottes in Jesus Christus ausschlug:

> Es muß nun das Dasein einer halb ehrwürdigen, halb grausigen Reliquie, einer wunderlich konservierten Antiquität, der menschlichen Schrulle personifizieren. Es muß nun *das* historische, *das* gänzlich zukunftslose Leben leben unter den Völkern: ohne doch wie andere Völker seine Zeit zu haben und dann wieder abtreten und in anderen aufgehen zu dürfen. So straft es sich selbst. So stört es die Gemeinde Gottes. (II/2, 289)

Dementsprechend sah Barth auch den Tod von Judas und den Untergang von Jerusalem im Jahr 70 als Konsequenz der jüdischen Ablehnung Christi. Und das gelte für alle Zeit, wie er im Jahr 1942 schrieb:

> Judas [...] tat nichts Anderes als, in konzentriertem Angriff auf Israels Messias, das was das erwählte Volk Israel seinem Gott gegenüber zu allen Zeiten getan und womit es sich schließlich in seiner Gesamtheit als das von Gott verworfene Volk erwiesen hatte. [...] An der Verwerfung dieses Volkes [...] kann angesichts der Tat des Judas kein Zweifel sein. Dieser Judas muß sterben, wie er gestorben und dieses Jerusalem muß untergehen, wie es untergegangen ist. Israels Existenzrecht ist dahin, so kann seine Existenz nur noch ausgelöscht werden. (II/2, 562)

Nach der Schoa waren solche Töne nicht mehr möglich. Papst Johannes XXIII. strich kurzerhand die Formulierung von den »treulosen Juden« (*perfidi Iudaici*) aus der lateinischen Karfreitagsliturgie und zeigte damit, wie einfach Änderungen alter Traditionen möglich sind, wenn man es ernst meint. Die christlichen Theologen vermieden hinfort Verurteilungen und Herabwürdigungen von Juden und Judentum – ohne allerdings auch die damit zusammenhängende theologische Argumentationsstruktur infrage zu stellen.

So zeigt sich etwa der evangelische Theologe Wolfhart Pannenberg (1928–2014) in seiner *Systematischen Theologie* bemüht, respektvoll über das Judentum zu sprechen und auch Einsichten über jüdisches Glaubensdenken zur Kenntnis zu nehmen, sieht aber Jesus weiterhin als einen, der sich nicht scheut, »der durch die Gottesoffenbarung an Mose geheiligten Tradition frei gegenüberzutreten, im Vertrauen, daß er darin in Übereinstimmung mit dem Willen Gottes handle«. So konstruiert auch Pannenberg einen unüberbrückbaren Gegensatz zwischen Jesus und Gott auf der einen Seite und der jüdischen Tradition und Mose auf der anderen. Es sei darum »nicht erstaunlich«, dass Jesus mit seinem »freien« Auftreten »Ärgernis unter frommen Juden« erregt habe und »zum Gegenstand heftiger Kontroversen zwischen Anhängern und Gegnern wurde« (II, 374). Dabei hätte Pannenberg zu der Zeit, als er seine *Systematische Theologie* schrieb, schon wissen können, dass Streitgespräche über die Auslegung der Tora im Judentum als selbstverständlich empfunden wurden und niemanden in Gegensatz zum Judentum bringen mussten. Ohne Jesus als Antithese aber gelang auch Pannenberg die sich anschließende Begründung der Gottessohnschaft nicht.

Der Theologe und spätere Kardinal Gerhard Ludwig Müller widmet in seiner *Katholischen Dogmatik* dem jüdischen Jesus eine halbe Seite seines Werks und beschreibt ihn als einen »palästinensischen Juden«, der sich »in Aussehen, Kleidung und Gehaben« von seinen Zeitgenossen »nicht wesentlich« unterschieden habe. Müller hält fest: »Die jüdische Herkunft Jesu ist weniger von ethnischem als von theologischem Interesse.« Gemeint ist damit wohl vor allem Jesu Glaube an den Gott Israels: »Er, den er als seinen Abba anspricht und als dessen Sohn er sich begreift, ist kein anderer als der Gott Abrahams, Isaaks und Jakobs« (274).

Das ist natürlich richtig, und es ist durchaus verdienstvoll, in einem katholischen Lehrbuch darauf hinzuweisen, dass der Glaube Jesu zutiefst im Judentum verwurzelt ist. Doch dann spricht Müller von der Gottesanrede »Abba« (die aus dem Munde Jesu nur in Mk 14,36 belegt ist) als einer »einzigartigen Anrede Gottes« (282) und behauptet, in dieser »Abba-Relation« komme Jesu »Offenbarungs- und Willenseinheit mit Gott« (283) zum Ausdruck. Sie bekunde ein exklusives Sohnesverhältnis Jesu gegenüber Gott, das andere Juden in diesem Sinn nicht gehabt hätten: »Es gehörte zur Erfahrung der Heiligkeit und Herrlichkeit Jahwes, dass sie es dem alttestamentlichen Beter verwehrt, Gott einfach als seinen Vater für sich zu vereinnahmen« (282).

Was Müller hier über den »alttestamentlichen Beter« sagt, stimmt nun aber für Juden der Zeit Jesu gerade nicht: Die Anrede »Abba« ist kein Hinweis auf eine besondere Gottesbeziehung Jesu, sondern einfach das gängige Wort, mit dem erwachsene Juden sich sowohl an ihren Vater als auch an Gott wendeten (was übrigens bis heute im Judentum verbreitet ist). »Abba« findet sich in den Übersetzungen der jüdischen Bibel ins Griechische, in frühjüdischen Schriften, in pharisäisch-rabbinischen Gebeten und in den *Targumim*, den jüdisch-aramäischen Bibelkommentaren aus der Zeit Jesu. Er ist also alles andere als eine jesuanische Besonderheit.

Müllers Versuch, Jesu jüdische »Herkunft« (er sagt nicht: Identität) anzuerkennen und ihn *zugleich* vom Judentum seiner Zeit als einen Menschen mit einer besonders intimen Gottesbeziehung abzuheben, scheitert also am historischen Befund, zeigt aber, dass die traditionelle Christologie weiterhin darauf angewiesen scheint, Jesu Eingebundensein ins Judentum zu relativieren.

Ähnlich gelagert, aber noch radikaler ist der Ansatz von Joseph Ratzinger. In seinem dreibändigen Werk *Jesus von Nazareth* (2007–2012) vermittelt er ebenfalls zunächst den Anschein, nach der Schoa eine vom Respekt für das Judentum getragene Sicht der Dinge zu entwickeln. Er bekennt sich zur bleibenden Bedeutung des Alten Testaments für das Christentum, spricht davon, dass Jesus die Gültigkeit des Dekalogs »immer selbstverständlich vorausgesetzt« habe und dass in der Bergpredigt »die Gebote der zweiten Tafel [des Dekalogs] aufgenommen und vertieft, aber nicht aufgehoben« (100) worden seien.

Darüber hinaus zitiert Ratzinger das berühmte, für das christlich-jüdische Verhältnis besonders bedeutsame Jesuswort aus dem Matthäusevangelium (Mt 5,17 f) in voller Länge: »Glaubt nicht, ich sei gekommen, das Gesetz oder die Propheten aufzulösen; ich bin nicht gekommen, aufzulösen, sondern zu erfüllen. Wahrlich, ich sage euch: Ehe denn Himmel und Erde vergehen, wird nicht ein einziges Jota oder ein einziges Häkchen vom Gesetz vergehen, bis alles erfüllt ist« (100).

Damit scheinen die gröbsten Antijudaismen vermieden und auch der jüdische Jesus in seiner Identität anerkannt – zumal Ratzinger sich außerdem ausführlich mit dem Buch *Ein Rabbi spricht mit Jesus* des Rabbiners Jacob Neusner (1932–2016) auseinandersetzt und sich von diesem, wie der Bibelwissenschaftler Erich Zenger es ausdrückte, »zu einem tiefen Verständnis des göttlichen Anspruchs Jesu *und* zu einem Verstehen des jüdischen Nein zu diesem Anspruch hinführen lässt« (31).

Allerdings hält diese Einschätzung einem genaueren Blick nicht stand. Von einem echten Dialog mit Neusner kann nicht die Rede sein, eher von einem Einspannen Neusners zu eigenen Zwecken. Denn Neusner betont mit Blick auf die Bergpredigt, dass der von ihm wahrgenommene göttliche Anspruch Jesu diesen weit aus dem Judentum hinaustrage und ihn eher zu einem Apostaten als zu einem integren Juden mache.

Und das ist genau das, worauf auch Ratzinger hinauswill: Er will zeigen, dass Jesus mit seinem Anspruch der Gottessohnschaft die Grenzen des traditionellen Judentums überschreitet. Und dafür kommt als jüdischer »Gesprächspartner« nur Jacob Neusner infrage, weil dieser immer schon – anders als etliche andere jüdische Gelehrte – auf der prinzipiellen Unvereinbarkeit von Judentum und Christentum beharrt hatte. In den Worten von Rainer Kampling: »Er gewahrt, wenn man seine Sicht versuchen will kurz zusammenzufassen, von Anfang an kaum eine Gemeinsamkeit zwischen Juden und Christen, sondern spricht von ›The Myth of a Common Tradition‹« (73). (Zahlreiche andere jüdische Autoren – von Leo Baeck über Ernst-Ludwig Ehrlich bis hin zu Michael Signer – hätten hier niemals zugestimmt.)

Was für Neusner ein Anlass ist, Jesus grundsätzlich abzulehnen, ist für Ratzinger aber der springende Punkt. Erst dadurch, dass Jesus nicht bruchlos ins Judentum zu integrieren sei, erlangt er für die christliche Theologie Bedeutung. In Ratzingers Augen war Jesus eben *kein* gläubiger, praktizierender Jude, der auch nie etwas anderes sein wollte. Jesus habe sich vielmehr »selbst als die Tora – als das Wort Gottes in Person« (143) verstanden.

So schreibt Ratzinger Jesus nicht aus dem Judentum heraus, sondern konstruiert ihn als die konsequente und einzig wahre Vollendung des Judentums und des Bundes mit Gott. Das aber gewichtet die ganze jüdische Geschichte neu: Jesus ist für Ratzinger der neue Adam, der neue Jakob, der neue Mose, der neue David und der neue Salomo.

Dementsprechend vertritt Ratzinger auch in seiner späten Veröffentlichung *Gnade und Berufung ohne Reue* (2018) die Ansicht, dass die Texte des Alten Testaments »nicht statisch in sich zu lesen sind, sondern insgesamt als Bewegung nach vorn zu – auf Christus hin – verstanden werden müssen« (391). Das Alte Testament sei also nichts Feststehendes, sondern zeige eine »dynamische« Entwicklung, die letztlich über das traditionelle Judentum hinausgehe und im christlichen Glauben, in der Verbindung mit dem griechisch-philosophischen Denken, ihre »endgültige Form« erreiche.

Das ist kein unschuldiges »Wir Christen lesen die Texte eben ein bisschen anders«. Denn mit Christus als dem einzig wahren Zielpunkt der Heilsgeschichte enthält der Gedanke zugleich eine massive Abwertung des Judentums *und* der Juden: Durch die Nichtannahme Christi als des Sohnes Gottes brechen die Juden letztlich den Bund mit Gott und weisen ihre Erwählung zurück. Gott stehe zwar treu zu seinem Bund mit Israel, könne aber nichts machen, wenn Israel dazu Nein sage. Und das habe eben Folgen:

> Ja, Gottes Liebe ist unzerstörbar. Aber zur Bundesgeschichte zwischen Gott und Mensch gehört auch das menschliche Versagen, der Bruch des Bundes und dessen innere Folgen: Tempelzerstörung, Zerstreuung Israels, der Ruf in die Buße hinein, der den Menschen neu des Bundes fähig macht. Die Liebe Gottes kann nicht einfach das Nein des Menschen ignorieren. (405)

Das ist deutlich mehr als der gängige Antijudaismus: Hier wird nicht bloß das traditionelle Judentum abgewertet, hier werden die Juden selbst angegangen: Sie werden, wie verklausuliert auch immer, des Bundesbruchs mit Gott sowie der Unbußfertigkeit bezichtigt und selbst für schuldig am Unglück in ihrer Geschichte erklärt. Weil sie Juden geblieben, ihrem Judentum treu geblieben sind. Trotz aller flankierenden judenfreundlichen Post-Schoa-Rhetorik ist das ein klassischer Topos der Judenfeindschaft: Die Juden sind selbst schuld, wenn ihnen Böses widerfährt. Dergleichen hat man lange nicht gehört.

Dass ich hier erneut so ausführlich über Ratzingers Position rede, soll nicht bedeuten, dass er mehr als andere zu kritisieren sei. Es ist vielmehr so, dass in Ratzingers Texten besonders prägnant zu sehen ist, wie auch die Theologie der Gegenwart die Abwertung des traditionellen Judentums mit einer Christologie verknüpft, die die jüdische Identität und Praxis Jesu relativiert oder löscht. Es geht mithin um einen bestimmten Typ von Theologie, der auch von anderen betrieben wird und ohne Scheu thematisiert werden muss.

Wie an den aufgeführten Beispielen zu sehen ist, hängt vieles davon ab, wie das Verhältnis zwischen dem irdischen Jesus und dem Sohn Gottes gefasst wird. Manche ignorieren das Judesein Jesu ganz und gar, sprechen nur vom Sohn Gottes und landen folgerichtig beim Gottesmordvorwurf oder dem Ende des Existenzrechts Israels; andere erwähnen gelegentlich Jesu jüdische Herkunft, setzen ihn aber aufgrund seiner Gottesbeziehung deutlich vom Judentum ab und unterstellen stillschweigend, dass im Volk Israel außer Jesus niemand sonst eine besonders intensive Gottesbeziehung gehabt habe. Wieder andere suchen nach »Spuren« der Göttlichkeit im Menschen Jesus von Geburt an und zeichnen ihn als personifizierte Tora, die alle Juden, die ihn nicht anerkennen, zu Bundesbrüchigen macht.

Indem so die Christus-Erzählung auf Kosten der Erzählung vom »irdischen Jesus« profiliert wird, geraten die neutestamentlichen Darstellungen aus dem Gleichgewicht. Um religiösen »Mehrwert« der Geschichte Jesu für die Gegenwart zu gewinnen, wird der jüdische Jesus zugunsten des Gottessohns geopfert. Dabei geht die Aufwertung Christi immer einher mit der Abwertung von Juden und Judentum.

Das war in den Anfängen ganz anders. Blicken wir noch einmal kurz zurück: Die ersten Anhänger von Jesus konnten ihn ohne Scheu als Messias, Christus, Sohn Gottes und Erlöser bezeichnen. Sie waren ja selbst Juden und identifizierten Jesus mit diesen traditionellen jüdischen Begriffen, ohne dass damit ein Anflug von Judenfeindlichkeit entstand. Sie hatten keinerlei Probleme, Jesu Menschsein, Judesein und seine Messianität im Sinne ihrer Tradition zusammenzudenken. Zwar mochten viele andere Juden ihnen nicht zustimmen, aber ihr Reden über Jesus Christus war kein Akt der Feindseligkeit gegenüber dem Judentum.

Die Probleme kamen erst später auf, in den folgenden Jahrhunderten, im Zuge der Ausdehnung des Christentums in den Mittelmeerraum hinein, nach dort, wo man die Schlüsselbegriffe nicht mehr jüdisch, sondern griechisch verstand, wo also der Sohn Gottes nicht mehr zugleich als Jude gedacht werden konnte, wo man zunehmend das weiterbestehende

Judentum als Gegenentwurf und Infragestellung des Christentums empfand.

In der Moderne schließlich gewannen diese alten Gegensätze ein neues Gewicht. Seit der Aufklärung und der Französischen Revolution befand sich Europa, wie bereits erwähnt, im Umbruch: in politischer, wirtschaftlicher, sozialer und kultureller Hinsicht. Viele empfanden die europäischen Umwälzungen als Bedrohung und machten die Juden als deren Betreiber oder Nutznießer aus. Zudem löste die schrittweise jüdische Emanzipation nach Jahrhunderten der Ghettoisierung und Rechtlosigkeit in der Mehrheitsgesellschaft nicht nur Zustimmung aus.

Insofern darf man sich die theologischen Reaktionen auf die »Entdeckung« des jüdischen Jesus nicht ohne diese Hintergründe denken. Als isolierte bedauerliche Einzelerscheinungen würden sie falsch verstanden. Besonders seit dem letzten Drittel des 19. Jahrhunderts befeuerten antimoderne Reflexe die Judenfeindschaft sowohl in der Gesellschaft als auch in den christlichen Kirchen. Von den 1860er-Jahren an gerannen sie sogar, wie Marie-Theres Wacker gezeigt hat, wieder vermehrt zu Architektur und Bildkunst: Das ursprünglich mittelalterliche Motiv der Gegenüberstellung von *Ecclesia* (Kirche) und *Synagoga* gewann erneut Popularität bei der Ausgestaltung von Kirchenportalen und -räumen. Dabei wurde die *Synagoga* immer als Frau mit zerbrochenem Stab und mit Augenbinde (wegen ihrer Blindheit für Christus) gezeigt, während die *Ecclesia* sich meist mit Kelch und Siegesfahne dem »Herrn« zuwendet.

Neben dieser offenkundig antijudaistischen Bildsymbolik war es übrigens keineswegs so, dass sich der Antisemitismus allein unter Protestanten ausbreitete, während die Katholiken »nur« Antijudaisten gewesen wären. Antijudaismus und Antisemitismus gingen fließend ineinander über – auch in der katholischen Kirche. Zwar haben sich Katholiken immer wieder gegen den Antisemitismus der neuen völkischen Bewegungen seit dem ausgehenden 19. Jahrhundert ausgesprochen, doch wie der Historiker Olaf Blaschke in seinem Werk *Katholizismus und Antisemitismus im Deutschen Kaiserreich* eindrucksvoll gezeigt hat, galt die Ablehnung lediglich dem »Rasseantisemitismus«. Indessen vertraten viele katholische Stimmen einen »christlichen Antisemitismus« (Karl Hilgenreiner), demzufolge es notwendig war, sich gegen das Überhandnehmen von Juden in Presse, Kultur und Wirtschaft zur Wehr zu setzen. Blaschke stellte fest,

> dass die meisten Texte aus der Feder von Katholiken, die sich mit Juden beschäftigen, ein negatives Bild zeichnen, dass hundert katholischen Autoren, die sich antisemitisch artikulierten, nur ein Autor gegenüberstand, der sich dagegen aufbäumte, und dass selbst dann, wenn Katholiken den Antisemitismus bekämpften, sie dabei nicht an die Gefahren für die Juden, sondern an die Risiken dachten, die daraus den eigenen Parteien in der Wählergunst oder der eigenen Weltanschauung erwachsen könnten. Von einem ausgeglichenen Verhältnis zum Judentum kann gemessen an den Quellen und ihrer Tendenz keine Rede sein. (*Die Anatomie des katholischen Antisemitismus*, 13)

Was bedeuten nun diese Beobachtungen zum Antijudaismus und Antisemitismus in der Theologie hinsichtlich unserer Ausgangsfrage, warum so viele Menschen heute die christlichen Kirchen in Scharen verlassen? Es ist ja nicht in vorderster Linie die Empörung über die christliche Judenfeindschaft, die zum massenhaften Auszug aus den Kirchen führen würde. Leider wird die Judenfeindschaft viel zu selten als der Skandal empfunden, der er ist. Der springende Punkt dürfte eher im Zurückweichen der Dogmatik vor der konkreten Geschichte liegen, aus der so viel Jüdisches zutage tritt: Dieses Zurückweichen nimmt dem Christentum seine konkrete Verortung in der Zeit und ihren Konflikten, seinen »Zeitkern« (J. B. Metz), und damit verliert es einen Großteil seiner Relevanz für die Menschen der Gegenwart.

Mit der Wechselwirkung zwischen der Judenfeindschaft und der »Entzeitlichung« der christlichen Theologie ist nun ein komplexer Mechanismus angesprochen, der unmittelbar auf einen lebensgefährlichen Herzfehler des Christentums hinweist.

Johann Baptist Metz hat gezeigt, dass diese Wechselwirkung bis in die »Dämmerstunde des Urchristentums« (IV, 143) zurückreicht, in jene Zeit nämlich, als die entstehende christliche Kirche sich gegen die konkurrierenden religiösen Strömungen des Markionismus und der Gnosis zur Wehr setzen musste. Beide Bewegungen sahen die Welt als heillosen Ort an und erwarteten Heil für die Menschen darum nur außerhalb der Zeit. Das Judentum mit seinen Hoffnungen auf Befreiung aus der Sklaverei, auf ein gutes Leben *in* dieser Welt, im verheißenen Land, war ihnen suspekt.

Markion (ca. 85–160 n. Chr.), Reeder und Gründer einer eigenen Kirche, trat dafür ein, sich von allem Jüdischen freizumachen, auch von allem Jüdischen in den heiligen Schriften, um Christus nicht als einen Menschen, sondern als göttliches Wesen sehen zu können. Und dieses Wesen war seiner Meinung nach gekommen, um die Menschen die Überwindung der Welt durch geistige Kraft, Askese und sexuelle Enthaltsamkeit zu lehren.

Die frühe Kirche verurteilte Markions Auffassungen, konnte sich aber trotzdem immer weniger dem Sog der gnostischen Überzeugung von der »Zeitlosigkeit des Heils und der Heillosigkeit der Zeit« entziehen. Denn die nagenden Fragen, warum die Welt nicht besser geworden sei, obwohl der Messias Jesus schon gekommen war, und warum Christus nicht endlich wie versprochen in Herrlichkeit wiederkehrte, konnte man mit dem Hinweis, dass es Heil letztlich nur jenseits dieser Zeit gebe, besser abschütteln.

Das Christentum wurde infolgedessen immer mehr zum Glauben an ein Heilsereignis in der Vergangenheit – Tod und Auferstehung Jesu Christi –, woran man gehorsam glauben sollte, um nach dem Tod am versprochenen Heil teilzuhaben. Und wie im Markionismus und in der Gnosis sah man auf das Leben der Welt mit Argwohn und ermahnte die Menschen, sich darauf nicht allzu weit einzulassen.

Damit aber geriet das entstehende Christentum in einen schwer aufzulösenden Widerspruch: Einerseits verteidigte man mit Jesus auch seine Heilige Schrift (die man seit ca. 180 n. Chr. »Altes Testament« nannte), andererseits konnte man, wenn die Welt doch ein heilloser Ort war, vieles im Alten Testament nicht mehr wertschätzen: weder den Auszug aus der ägyptischen Sklaverei in ein Land der Freiheit noch den Protest Ijobs gegen die von Gott über ihn verhängten Leiden.

Deshalb veränderte sich bei den Christen allmählich die Art, wie sie das Alte Testament lasen und *was* sie darin lasen. So bekam etwa die Geschichte vom Sündenfall als Geschichte vom menschlichen Ungehorsam größeres Gewicht, und Ijob sah man als einen, der gegen Gottes Verfügungen zu Unrecht aufbegehrte und zurechtgewiesen werden musste. Am interessantesten fand man allemal die Stellen, die man als Christus-Ankündigungen verstehen konnte.

Für Juden sind die christlichen Lesarten des Alten Testaments bis heute irritierend und weit entfernt von dem, was sie selbst darin finden. Der Frankfurter Rabbiner Julian-Chaim Soussan scherzt gern, dass Juden und Christen völlig unterschiedliche Bücher läsen, die nur zufällig denselben Text hätten.

Als Reaktion auf die historischen Forschungen über den jüdischen Jesus seit der Aufklärung wurde dieser theologische Mechanismus erneut in Gang gesetzt: Der praktizierende Jude Jesus wurde weitgehend ausgeblendet und durch das nahezu ausschließliche Reden von Christus, dem Sohn Gottes, überdeckt. Über die göttliche Präexistenz Christi, die Jungfrauengeburt, über innertrinitarische Vorgänge und die »göttliche Natur« Jesu Christi wurde viel nachgedacht und gesprochen, aber nicht über Jesu Wallfahrten zu jüdischen Festen nach Jerusalem oder über seine Anweisung an die Jünger, alles zu befolgen, was die Pharisäer ihnen sagten (Mt 23,1–3).

Diese Flucht vor dem konkret Jüdisch-Historischen in Richtung einer Entzeitlichung der christlichen Botschaft hatte weitreichende Folgen. Man warf den Juden nicht nur vor, sich dem Glauben an Christus zu versperren und die Prophezeiungen seines Kommens im Alten Testament nicht zu verstehen, sondern wurde selbst unempfänglich für die charakteristische Diesseitigkeit des Alten Testaments, für seine Lebensrelevanz. Denn natürlich ist das Alte Testament weit mehr als ein Christus-Orakel. Es ist ein Buch des leidenschaftlichen Interesses an dieser Welt, am Diesseits, ein Buch mit zahlreichen Geschichten vom Leiden an den Ungerechtigkeiten der Welt, ohne ihren Zustand für unabänderlich zu erklären und alle Hoffnungen auf ein Leben nach dem Tod auszulagern, ein Buch mit Geschichten von der Verteidigung der Menschenwürde und von Überlebensstrategien in ausweglosen Situationen.

Wo statt alldem nur die Orientierung auf das zeitlose (eigene, individuelle) Heil im Christusglauben eine Rolle spielt, verliert das Christentum seine Bedeutung für das Leben. Es entsteht eine Glaubensform, die nicht in Verbindung steht mit dem Gerechtigkeitsverlangen der Menschen, mit ihren Ängsten und Hoffnungen, ihren Konflikten, ihren Macht- und Ohnmachtserfahrungen. Stattdessen bietet sie ein »master narrative«, eine Großerzählung, der man sich anschließen soll: Diese handelt nicht von einer verbesserbaren, sondern von einer gefallenen Welt, die in der Ausweglosigkeit ihrer Sünden den Tod des Gottessohnes braucht, um Gottvater versöhnlich zu stimmen und von ihm Heil zu erwirken.

Diese Erzählung sagt immer weniger Menschen etwas, denn sie hat nichts mit ihrer Lebensrealität, mit ihren Bedürfnissen und Hoffnungen zu tun. Sie ist, trotz gegenteiliger Beteuerungen ihrer Verfertiger, ein aus biblischen Schriften destillierter übergeschichtlicher Mythos, der weder auf die Fragen der Menschen wirklich Antwort gibt noch die Intentionen der verarbeiteten biblischen Motive angemessen aufgreift.

Wo, um dem Mythosvorwurf zu entgehen, auf der Historizität der Erzählungen von der Jungfrauengeburt bis zur Himmelfahrt bestanden wird, wird die Sache vollends absurd: Aus Form wird Inhalt. Man fragt nicht mehr, was beispielsweise mit der *Form* der Wundererzählung *inhaltlich* gesagt werden wollte, sondern erklärt die Form, das erzählte Wunder, zum (historisch sicheren) Inhalt, der unbedingt zu glauben sei.

Man soll glauben, dass die Jungfrauengeburt quasi als biologisches Heilsereignis stattgefunden hat, man soll glauben, dass Jesus zu Fuß über den See Gennesaret ging. Welche Gedanken die biblischen Erzähler mithilfe dieser Erzählformen übermitteln wollten, welche Diskurse theologischer, geschichtlicher und gesellschaftlicher Art im Hintergrund der Erzählung standen, ist keine Frage mehr. So entsteht durch das Festhalten an den »übernatürlichen Glaubenstatsachen« eine fetischhafte Art des Glaubens an die äußere Oberfläche der Geschichten, an ihre Form – unter weitgehender Verdunkelung ihres Inhalts. Das bringt zudem eine religiöse Sprache hervor, die Außenstehende zumeist so befremdlich wie unverständlich finden.

Es ist kein Wunder, dass die Verkünder eines solchermaßen entzeitlichten und auf äußerliche Formen fixierten Glaubens immer wieder darauf beharren, man müsse *zuerst* glauben, und *dann* würde man die innere Stimmigkeit der Großen Erzählung schon erkennen. Aber darauf lassen sich die Menschen in Westeuropa kaum noch ein; seit der Aufklärung erwarten sie einfach, dass das, was ihnen nahegebracht werden soll, für sie auch nachvollziehbar sein muss.»... ach, wissen Sie«, sagte die Schriftstellerin Christa Wolf in einem Interview, »es gab einfach zu vieles, was mir nicht einleuchtete: die unbefleckte Empfängnis Marias zum Beispiel oder die Auferstehung von den Toten. Das erschien mir zu irrational« (174).

Natürlich kann man unter Aufbietung aller theologischen Kraft zwingend darlegen, dass die christliche Großerzählung keineswegs »irrational« sei, aber das ändert nichts daran, dass die christlichen Geschichten im traditionell-dogmatischen Verständnis nicht von sich aus überzeugen können. Die ihrer historischen Hintergründe und der Verortung in der jüdischen Freiheitsgeschichte beraubten Erzählungen klingen für immer mehr Menschen einfach abwegig. Das ist sicher schon seit längerer Zeit so; neu ist daran nur, dass die Menschen heute nicht mehr gezwungen werden können, trotzdem zuzustimmen.

Für Menschen, die in den christlichen Sprachspielen beheimatet sind – und das gilt besonders für Theologinnen und Theologen –, ist es oft nicht leicht zu verstehen, warum diese für Außenstehende so schwer oder gar nicht nachvollziehbar sind. Eine schonungslose Karikatur des preisgekrönten amerikanischen Cartoonisten Mr. Fish zeigt auf aufschlussreiche Weise, wie die christliche Große Erzählung auf säkular-aufgeklärte Geister wirken mag.

»Was zum Teufel kapieren Sie denn da nicht?« (Abbildung S. 97). Für solche Zeichnungen wäre ein Künstler in früheren Zeiten womöglich auf dem Scheiterhaufen gelandet. Vielleicht aber braucht es wirklich die Unverblümtheit von Künstlern und Kindern, die feststellen: Der Kaiser ist nackt – das

»Nur damit ich Sie recht verstehe: Sie schicken uns weg, weil Sie meine Geschichte für aberwitzig halten, dass sie eine 13-jährige Jungfrau ist, die von einem telepathischen, leicht reizbaren, blutdürstigen Himmelsgott geschwängert wurde, der einen Sohn haben will, damit er ihn bei hellem Tageslicht ermorden kann, um damit weltweit Schuldgefühle zu erzeugen, die am Ende den Weltuntergang in einem Feuerball heraufbeschwören – für alle bis auf die griesgrämigsten und selbstgerechtesten Sittenwächter unter uns? Was zum Teufel kapieren Sie denn da nicht?« (Abdruck mit freundlicher Genehmigung des Künstlers. Website: www.clowncrack.com.)

leere formelhafte Gerede versteht niemand mehr. Die christliche Geschichte ist – auf diese Art und Weise – unerzählbar geworden. Das wissen auch diejenigen, die in der kirchlichen Erwachsenenbildung arbeiten.

Ist die Christologie damit insgesamt für nichtig und judenfeindlich erklärt? Ich glaube, wenn man so fragt, ist man ebenfalls in jenem »Entweder – oder« befangen, das im Christentum Tradition hat *(aut – aut, sic et non)*. Muss aber aus einer erkannten Struktur der Feindseligkeit unbedingt eine gene-

Auf der Suche nach Bedeutung

relle Bankrotterklärung erfolgen? Das scheint mir nicht notwendig. Wenn man erkennt, wie bestimmte Sichtweisen erzeugt werden, entsteht im selben Moment auch die Möglichkeit, es anders zu machen. An die Stelle des »Entweder – oder« kann dann auch das (eher talmudische) »Sowohl – als auch« treten und die Auseinandersetzung um die religiösen Überzeugungen neu eröffnen.

Die vorigen Seiten haben, wie ich hoffe, gezeigt, dass auf beiden Seiten des Schismas von Exegese und Dogmatik judenfeindliche Deutungen entstanden, als versucht wurde, Bedeutung, »Mehrwert« aus den biblischen Geschichten für unsere Zeit zu erzeugen. Exegeten und liberale Theologen im frühen 19. Jahrhundert waren durchaus in der Lage, Jesus als Juden zu sehen, meinten aber, zugleich betonen zu müssen, dass er weit aus dem minderwertigen Judentum seiner Zeit herausragte. Dogmatiker und andere Theologen vermieden dagegen den Blick auf den jüdischen Jesus, drückten also im Verschweigen ihre Verlustängste aus und sprachen lieber über allerlei Aspekte der Gottessohnschaft Christi. Enthalten war darin ein implizites Abrücken von allem Jüdischen in der Bibel, oft ohne ein einziges Wort gegen Juden oder das Judentum zu sagen. Wie man sehen konnte, war es nie ausreichend, sich lediglich aller herablassenden oder abschätzigen Urteile zu enthalten. Zudem konnten diese Urteile auch umstandslos wieder explizit werden – von christlichen Enterbungsstrategien der Hebräischen Bibel bis hin zu Vorwürfen des Hochmuts, der Blindheit und des Gottesmords.

Was muss geschehen, um diesen schweren Herzfehler des Christentums zu beheben?

Festzuhalten scheint mir zunächst, dass die Versuche, den christlichen Glauben ungeschichtlich und ewigkeitsorientiert auszurichten, schon früh ins Unglück führten. Als schließlich alle in Europa immer entschiedener geschichtlich zu denken begannen, fing das theologische Haus an zu wanken. Das

Ewige wurde als zeitgebunden und vergänglich enttarnt, das Ungeschichtliche als unbedeutend und unnütz. Und die Bemühungen, auf Kosten des Judentums wieder Bedeutung zu gewinnen, müssen nicht weiter kommentiert werden.

Daraus ergeben sich Aufgaben für eine Zukunft, die besser heute als morgen beginnen sollte.

Gesucht wird eine Theologie, die den »geschichtlichen Blick« nicht nur erträgt, sondern aktiv mit ihm umzugehen lernt. Sie müsste den Ort der Zeitgebundenheit allen Wissens und aller Überzeugungen als ihren ureigenen Ort begreifen, anstatt sich im Besitz unvergänglichen Heilswissens zu wähnen.

Gesucht wird eine christliche Theologie, die den jüdischen Jesus nicht mehr ignorieren, sondern kennenlernen will. Und das müsste weit über die bloße Feststellung hinausgehen, dass Jesus Jude war. Was bedeutet der jüdische Jesus *theologisch*?

Gesucht wird schließlich eine Theologie, die das Judentum nicht länger als Konkurrenz um die Deutungshoheit über die biblischen Texte begreift, sondern als Gesprächspartner beim immer besseren Verstehen der Fragen und Rätsel des menschlichen Lebens.

Natürlich kann dieser Essay diese Theologie nicht schon liefern (glücklicherweise aber gibt es zu allen drei Aufgabenbereichen bereits wichtige Arbeiten von Pionieren). Die folgenden Seiten wollen lediglich zur Diskussion stellen, in welche Richtung man weiterdenken könnte. Und es wäre am schönsten, wenn dieses Weiterdenken von Juden und Christen, Bibelgelehrten und Theologen gemeinsam versucht werden könnte.

Kapitel 5
Nur Diskurse. Nur?

Die Versuche, ewige Wahrheiten festzuhalten, sind mit dem Einbruch der Moderne endgültig gescheitert. Der »geschichtliche Blick« hat sie allesamt als zeitgebundene, kulturabhängige, veränderbare, vergängliche Konzepte erkennbar gemacht. Was auch immer einer genaueren Betrachtung unterzogen wurde – Bibel, Dogmen, Metaphysik –, erwies sich als Erzeugnis der menschlichen Geschichte in ihrer Begrenztheit und Irrtumsanfälligkeit.

Die christlichen Kirchen haben darauf, wie gezeigt, ausgesprochen nervös reagiert; denn sie sahen die Autorität ihrer zentralen Bezugspunkte untergraben. Darum wehrten sie sich gegen mutmaßliche Feinde von außen wie von innen, erlebten das Zerbrechen der Einheit der theologischen Disziplinen, verlegten sich auf den Fundamentalismus oder andere zeitlose Botschaften und versuchten, die eigene Bedeutung durch die Herabwürdigung von Juden und Judentum zu erhöhen. Genutzt hat all dies letzten Endes nichts. Die Attraktivität der entzeitlichten (oder gelegentlich auch an den Zeitgeist angepassten) Verkündigung wurde in Europa dadurch bestenfalls vorübergehend gesteigert. Zuletzt führten all diese Manöver Kirchen und Theologie ins intellektuelle und moralische Abseits.

Natürlich kann man all das in Abrede stellen und auf dem eingeschlagenen Weg mit dem bekannten Erfolg weitergehen. Die Alternative aber wäre, die Entwicklung der vergangenen zweihundertfünfzig Jahre anzuerkennen und die Erkenntnisse des geschichtlichen Denkens – bei allen Schieflagen, in die es immer wieder geriet – als Chance zu begreifen. Es müsste ernsthaften Christinnen und Christen ja nicht unbedingt schlecht zu Gesicht stehen, mit der eigenen Endlichkeit auch das innergeschichtliche Gewordensein ihrer Anschauungen zu akzeptieren.

Damit käme nämlich ein Wissen um die *condition humaine* zum Ausdruck: die Einsicht, dass vergänglichen Menschen der unmittelbare Zugang zur absoluten Wahrheit nicht möglich ist. Und das stünde nicht im mindesten im Widerspruch zum christlichen Glauben, denn schließlich bekennt auch er das Geschöpfsein der Menschen, demzufolge Gott immer größer ist als alle menschlich-endlichen Vorstellungen. Ist es nicht ohnehin höchste Zeit, sich von der Hybris des vermeintlichen Wahrheits*besitzes* zu verabschieden? Von angeblich »zwingenden« Argumentationen, »Denknotwendigkeiten« und »unüberbietbaren« Wahrheiten? Von der Haltung, alles besser zu wissen als die Angehörigen des Judentums und anderer Religionen und Weltanschauungen?

Was aber bleibt dann? Stürzt mit der Anerkennung, dass alle unsere Gedanken, Ideen und »Wahrheiten« – über Gott, Transzendenz, die Welt, uns selbst, über Judentum und Christentum – geschichtlich bedingt sind, der ganze christliche Glaube in die Belanglosigkeit?

Keineswegs. Was bleibt, sind, um einen Begriff des französischen Philosophen Michel Foucault (1926–1984) aufzugreifen, Diskurse.

Das ist für unsere Fragen von größter Tragweite und soll im Folgenden genauer erläutert werden. Das Wort »Diskurs« wird oft recht unscharf und wenig reflektiert benutzt; für manche ist es einfach ein intellektueller klingendes Wort, das sie anstelle von »Diskussion« verwenden; andere sagen »Diskurs«, wenn sie eigentlich »Aussage«, »Sprachgebrauch« oder »Thema« meinen. Die Literaturwissenschaft denkt bei Diskursen an bestimmte Sprach- und Sprechformen, und die

Diskursethik von Jürgen Habermas verfolgt philosophisch-normative Ziele und sieht im Diskurs eine Form der vernunftgeleiteten Auseinandersetzung, eine den Gesetzen der Logik gehorchende Verständigung über ethische Gebote und Normen.

Demgegenüber ist Michel Foucaults Verständnis des Diskurses ganz anders gelagert, aber nicht leichter zu fassen. Denn Foucault hat seit den 1960er-Jahren mit dem Diskursbegriff gerungen, von Jahr zu Jahr neue Aspekte hinzugefügt, andere korrigiert oder fallen lassen. Das wurde ihm oft zum Vorwurf gemacht, dürfte aber vor allem ein Indiz dafür sein, dass er sich nie mit dem Gefundenen zufriedengab und nie aufhörte weiterzusuchen. Denn natürlich wusste er um die Endlichkeit und die Grenzen der menschlichen Erkenntnis.

Ich werde diese Entwicklung hier nicht im Einzelnen nachzeichnen – das haben andere wie zum Beispiel Philipp Sarasin längst auf prägnante Weise getan. Vielmehr will ich versuchen, Foucaults Diskursbegriff so zu profilieren, dass er die in diesem Essay verhandelten Fragen in ein neues Licht rückt, das uns weiterhelfen kann. Insofern werde ich auf Foucaults Beobachtungen und Überlegungen wie auf eine »Werkzeugkiste« zugreifen, was er selbst durchaus als Möglichkeit sah, mit seinem Werk umzugehen (*Schriften* II, 887 f.).

Foucaults Ausgangspunkt war die Frage, wie zustande kommt, was in einer Gesellschaft als »Wissen« oder »Wahrheit« gilt. Dass nichts davon ewig hält und dass die Veränderungen des »Wahrheitsbestands« einer Gesellschaft oder einer Kultur erforscht und beschrieben werden können, ist ja seit der Aufklärung immer mehr ins Bewusstsein gerückt.

War man zum Beispiel in der ausgehenden Antike noch felsenfest davon überzeugt, dass die gleichgeschlechtlichen sexuellen Handlungen der »Sodomiter« Erdbeben und Überschwemmungen auslösen können, so sprechen sich heute breite Mehrheiten in den westeuropäischen bürgerlichen

Gesellschaften (bis auf einige rechtsextreme oder religiös geprägte Enklaven) dafür aus, dass die Institution der Ehe auch gleichgeschlechtlichen Paaren offenstehen solle. Galt vor einigen Jahrhunderten in den meisten europäischen Gesellschaften noch als unumstößliche Wahrheit, dass heilkundige selbstständige Frauen »Hexen« seien und verbrannt werden müssten, so hält man das heute für eine grausame kollektive Verirrung. Und während im 19. Jahrhundert Lessings Stück *Nathan der Weise*, das mit einer jüdischen Hauptfigur für Toleranz zwischen den Religionen warb, zu einem festen Bestandteil des Bildungskanons in Deutschland wurde, wurde seine Aufführung 1933 verboten, und breite Massen zeigten sich überzeugt, dass die Juden ihr Unglück seien.

Man sieht: Was »absolut wahr« ist, verändert sich im Lauf der Zeiten – und keineswegs immer zum Besseren (oder was wir dafür halten). Von einer steten Aufwärtsentwicklung, von beständigem »Fortschritt« kann keine Rede sein. Die Geschichte kann immer Ausgänge in mehrere mögliche Richtungen nehmen.

Wie also kommen bestimmte »Wahrheiten« zustande? Es ist ja keineswegs so, dass das, was in einer Gesellschaft als unumstößliches Wissen gelten soll, von Autoritäten erlassen und dann von der Bevölkerung geglaubt würde. Warum, fragt sich Foucault in *Überwachen und Strafen*, versammelten sich die Einwohner von Paris 1757 vor dem Haupttor der Kathedrale Notre Dame, um in Anwesenheit mehrerer Beichtväter der öffentlichen Folterung und Hinrichtung des Königsattentäters Robert-François Damiens beizuwohnen, und warum konnte das nur ein Dreivierteljahrhundert später kein Mensch mehr verstehen? Warum – um an ein Beispiel aus dem vorigen Kapitel zu erinnern – findet es Adolf Harnack »gewaltig«, wenn Jesus über die Gottes- und Nächstenliebe spricht, aber »schwächlich«, wenn Pharisäer zur Zeit Jesu dasselbe sagen? Woher hat er das?

Foucault sieht die Antwort auf Fragen wie die eben genannten in den Diskursen, das heißt in einer »Menge von Aussagen [...], insofern sie zur selben diskursiven Formation gehören« (*Archäologie des Wissens*, 170). Er macht sich deshalb auf, immer genauer zu fassen, wie Diskurse beschaffen sind, wie sie entstehen, sich entwickeln, vergehen, wer sie hervorbringt usw. – und entdeckt dabei immer weitere Dimensionen, die bald nicht mehr vom Alltagssprachgebrauch erfasst werden. (Das französische Allerweltswort *discours* bezeichnet eine Rede, eine Ansprache oder eine Abhandlung; manchmal bedeutet es auch »Geschwätz«.)

Ich möchte im Folgenden nur vier Merkmale der Diskurse, die Foucault beschrieben hat, herausgreifen und extrem vereinfacht darstellen, weil sie mir in unserem Fragezusammenhang besonders interessant erscheinen.

1. Diskurse werden nicht gemacht – sie entstehen. Diskurse bringen zum Ausdruck, was in einer Gesellschaft oder Gruppe zu einer bestimmten Zeit denkbar, sagbar und machbar ist – was als wahr, als gesichertes Wissen gilt. Was zu diesem Schatz an geglaubten Wahrheiten gehört, kann nicht von Einzelnen, von Autoritäten bestimmt werden. Und natürlich gibt es auch kein Gremium, das per Mehrheitsbeschluss festlegen könnte, was wahr ist. (Wo das von gewissen Regimen und Glaubensgemeinschaften versucht wurde, erstarb jede lebendige Diskussion, während sich Folterzellen und Lager füllten.) Zwar haben Menschen in Machtpositionen oft größeren Einfluss darauf, was aus einer Vielzahl von Aussagen in einen gesellschaftlichen Diskurs Eingang findet, aber das heißt keineswegs, dass sie die Prozesse, in denen eine Gemeinschaft zu gemeinsamen Überzeugungen kommt, restlos kontrollieren könnten.

Entscheidend ist die Tatsache, dass es keine Gesellschaft ohne Diskurse und also keinen feststellbaren »Punkt Null« gibt. Alle Menschen wachsen mit Diskursen auf (und in sie hinein), bevor sie sich dessen bewusst werden. Sie nehmen sie mit der Sprache, der Erziehung, der Schulbildung auf, aber auch durch Schläge, die sie als Kinder für »ungehöriges« Verhalten beziehen, durch Berührungen, Lächeln, Lieder, Veränderungen in der Stimme der Eltern angesichts bestimmter Fragen, durch die Ermahnung »Das sagt man nicht«, durch die Medien und die Öffentlichkeit, für die manche Dinge fraglos gültig und andere »abartig« sind. Und so weiter.

Diskurse regeln unter anderem, was als vernünftig und was als wahnsinnig gilt, ob öffentliche Folterungen notwendig oder abscheulich sind, welche sexuellen Praktiken unsittlich sind, wie man anderen Menschen zu begegnen hat, wer religiös Wesentliches mitzuteilen hat und wer nicht.

Diskurse bilden mithin ein überindividuelles Ordnungssystem von Gültigkeiten, Plausibilitäten, von etabliertem Wissen, von dem, was für selbstverständlich, überzeugend, für schicklich oder »normal« gehalten wird. Sie sind keine Sammlung von Überzeugungen, die sich die Menschen bewusst aussuchen. Auch wo Einzelne meinen, einem Gedanken rational zuzustimmen, ist ihre Zustimmung immer schon von dem geprägt, was sie in ihrer persönlichen Geschichte als »logisch« oder »überzeugend« aufzufassen gelernt haben. Der Diskurs, sagt Foucault, ist ein »*positives Unbewußtes* des Wissens« (*Die Ordnung der Dinge*, 11).

2. *Diskurse prägen nicht die Wahrnehmung – sie konstituieren sie.* Sie sind keine Brille, durch deren Gläser wir in die Welt schauen, die wir auch ohne sie wahrnehmen könnten – sie sind der Blick. Die Diskurse bestimmen, wie wir die Welt sehen. Eine »reine«, nicht von Diskursen gebildete Wahrnehmung der Wirklichkeit gibt es nicht.

Foucault knüpft hier an Kants Gedanken an, dass Menschen die Wirklichkeit nicht erkennen können, wie sie »an sich« ist, sondern immer nur so, wie sie der menschlichen Wahrnehmung unter den a priori gegebenen Erkenntnisbedingungen erscheint. Während Kant aber diese Erkenntnisbedingungen für »transzendental« hält, das heißt für übergeschichtlich und überkulturell gegebene »Kategorien«, geht Foucault von »in der Zeit gebildete[n] Apriori« (*Die Ordnung der Dinge*, 261) aus: Die Diskurse selbst sind die Erkenntnisbedingungen für die Wahrnehmung der Welt, und sie sind in der Geschichte entstanden, »so dass die Geschichte selbst zur allerletzten Voraussetzung allen Denkens wird« (Sarasin, 100).

Die Diskurse liegen also, wie wir gesehen haben, den konkreten Erfahrungen der Individuen voraus, sind aber dennoch Teil der menschlichen Geschichte und verändern sich ständig. Auch unsere Körper, unsere Arbeit und unsere Sprache sind innergeschichtliche Phänomene, die sich auf unsere Wahrnehmung auswirken. Damit bleibt Foucault konsequent in der Spur des Geschichtsdenkens der Aufklärung, geht zugleich aber über Kant hinaus und setzt sich von Marxismus, Psychoanalyse, Existentialismus und Strukturalismus ab, die alle auf ihre Art von überzeitlichen Strukturen ausgehen.

3. *Diskurse sind keine Abbilder der Wirklichkeit.* Weil sie, wie eben erläutert, herstellen, was wir für Wirklichkeit halten, können sie nicht zugleich eine vermeintlich objektive Wirklichkeit abbilden. Wenn wir – nach Kant und mehr noch nach Foucault – die Wirklichkeit nicht an sich wahrnehmen können, sondern immer nur, wie sie uns *erscheint*, ist es sinnlos zu fragen, was die Diskurse von der »eigentlichen« Wirklichkeit zeigen. Nicht die Frage nach den Wirklichkeiten *hinter* den Diskursen, sondern die nach der Entstehungsgeschichte be-

stimmter Diskurse ist deshalb das Grundprinzip der Diskursanalyse.

Die gängigen hermeneutischen Theorien sehen es anders. Sie halten Texte, Dokumente, Kunstwerke für Abbildungen eines verborgenen, wahren Sinns, den es zu entschlüsseln gelte und dem man sich mit interpretatorischen Mitteln annähern könne. Folgt man dieser Vorstellung, begibt man sich auf einen äußerst voraussetzungsreichen Weg: Man wird dann nicht umhinkönnen, von einem allen gemeinsamen, »universellen« Geist des Verstehens auszugehen, der die Urheber von Aussagen und ihre Empfänger miteinander verbindet und die Verschmelzung ihrer unterschiedlichen Horizonte erlaubt. Hans-Georg Gadamer (1900–2002), Philosoph der universalen Hermeneutik, spricht deshalb von der »pantheistische[n] Eingeschlossenheit aller Individualität ins Absolute, die das Wunder des Verstehens ermöglicht«, und fragt, ob darum nicht allein der hegelsche »Geist« und seine »*absolute Vermittlung von Geschichte und Wahrheit*« das »Fundament der Hermeneutik« bilden müssten (324 f.).

Diese Vorstellung der »Horizontverschmelzung« lehnt Foucault ab. Das dahinterstehende Geschichtsverständnis Hegels, das von einer alle Kulturen umgreifenden gemeinsamen Geschichte ausgeht und sie noch dazu als stetige Aufwärtsentwicklung denkt (wonach etwa das protestantische Christentum die höchste Stufe der Religion darstellt und alle anderen deklassiert), hat für Foucault kaum etwas mit der realen Geschichte zu tun. Es ordnet alle Beobachtungen in ein Entwicklungsschema ein, das auf ein Ziel ausgerichtet ist, welches nicht zufällig der preußischen bürgerlichen Gesellschaft ähnelt.

Eine solche Interpretation der Geschichte kann nur um den Preis gelingen, dass sämtliche nicht ins Schema passenden, fremd erscheinenden, gegenläufigen Vorkommnisse als unwesentlich aus der Betrachtung ausgeschieden werden. Insofern machen die großen geschichtsmetaphysischen Synthesen und Sinngebungsversuche nicht sehend, sondern blind für die verschiedenartigen Momente und Ereignisse der Geschichte. Foucault fordert deshalb, auf globale Konstruktionen der Vergangenheit und vermeintlicher Kausalitäten zu verzichten und sich von der Vorstellung zu verabschieden, dass hinter den historischen Dokumenten der große, alles umfassende Sinn der Gesamtgeschichte verborgen liege, der sich im Fortschreiten der Geschichte nach und nach enthülle. Sinn ist ein Diskurs, kein Objekt.

Wenn nämlich die in den historischen und sonstigen Dokumenten zutage tretenden Diskurse die Wirklichkeit nicht *abbilden*, sondern *bilden*, dann sind nicht die verallgemeinernden großen Linien, sondern vor allem die einzelnen Dokumente besonders interessant (die die allumfassenden Synthesen immer wieder infrage stellen). Sie können Aufschluss darüber geben, was zu einer bestimmten Zeit gedacht, gesagt und getan werden konnte, wie das Verhältnis von »richtig« und »falsch« festgehalten oder verändert wurde. Aber sie sagen nichts über eine »objektive Wirklichkeit«, die sich angeblich in ihnen abbildet.

Auch die für die historische Forschung unerlässliche Ermittlung des gesellschaftlichen, sozialen und politischen *Kontexts* von Dokumenten kann in dieser Perspektive nicht mehr so verstanden werden, dass der Kontext im Sinne einer objektiven Wirklichkeit hierarchisch über den Diskursen stehe, wonach dann die Diskurse nur mehr oder weniger treffend die Daten und Fakten ihres Kontexts wiedergäben. Stattdessen braucht es eine genaue Untersuchung der *Wechselwirkung* zwischen Text und Kontext von Fall zu Fall. Sie kann die Wirklichkeitskonstruktionen der Diskurse entscheidend erhellen.

All das heißt übrigens nicht, dass Foucault einem grundsätzlichen Skeptizismus zuneigt, was die Erkennbarkeit einer greifbaren Wahrheit angeht. Während die Versuche, die Wahrheit *hinter* den Dokumenten dingfest zu machen, ihm oft als haltlose Spekulationen erscheinen, ist für ihn die *Positivität der Diskurse* (*Archäologie des Wissens*, 92) ein fester Ausgangspunkt: Die Aussagen, die in Texten, Dokumenten, Quellen vorliegen, sind ja unbezweifelbar gemacht worden. Nicht die hinter den Texten spekulativ rekonstruierten Fakten, sondern die Diskurse selbst sind das Historische, sind Gegenstand der Analyse. Deshalb bezeichnete sich Foucault manchmal als »glücklichen Positivisten« (Ewald u. a., 56).

Im Zusammenhang der in diesem Essay verhandelten Fragen wäre hier etwa an die Versuche von Hermann Samuel Reimarus und anderer Forscher zu denken, die den »Fakten« hinter dem Zug der Israeliten durchs Rote Meer, hinter der Jungfrauengeburt, dem Gang Jesu über den See Gennesaret oder der Auferstehung nachspürten. Anstatt diese Narrative als (schlechte) Abbilder einer zu eruierenden faktischen Wirklichkeit zu verstehen, wären sie besser mit Foucault auf die in ihnen zum Ausdruck kommenden Diskurse hin zu lesen: An der Existenz dieser Diskurse besteht schließlich kein Zweifel, und ihre Untersuchung *als* Diskurse in Wechselwirkung mit ihren entsprechenden (jüdischen) Kontexten könnte aufschlussreich sein (etliche Bibelwissenschaftler sind längst auf diesem Weg). Statt auf eine *Faktengeschichte* wäre also das Augenmerk auf die *Diskursgeschichte* zu richten.

4. Die Menschen sind nicht die Subjekte ihrer Diskurse. Ihr Verhältnis zueinander ist komplexer: Die Menschen bewegen sich in Diskursen, und die Diskurse bewegen sich in ihnen.

Landläufig denkt man noch immer anders: Wahres wird in den Augen vieler von herausragenden Subjekten, von genialen Köpfen selbstständig hervorgebracht und geht dann in den Wissensschatz einer Gesellschaft ein. Einer näheren Betrachtung kann diese idealtypisch-idealistische Sichtweise nicht standhalten. Oft genug finden herausragende Leistungen Einzelner überhaupt keine Anerkennung, werden mit Nichtbeachtung oder manchmal auch mit Verfolgung gestraft. Frauen und Angehörige verschiedener Minderheiten, Kolonialisierte und anders Ausgegrenzte wissen, dass sie es bis in die Gegenwart hinein ausgesprochen schwer haben, sich Gehör zu verschaffen.

Ein Paradebeispiel ist für Foucault der Biologe und Augustinerabt Gregor Mendel (1822–1884), dessen Vererbungslehre zu seinen Lebzeiten nicht anerkannt wurde. Foucault schreibt über ihn: »Mendel sagte die Wahrheit, aber er war nicht ›im Wahren‹ des biologischen Diskurses seiner Epoche: biologische Gegenstände und Begriffe wurden nach ganz anderen Regeln gebildet« (*Die Ordnung des Diskurses*, 24). Damit leugnet Foucault nicht, dass Subjekte die Wahrheit sagen und verkünden können; das Problem ist vielmehr, dass sie selbst nicht zugleich die Urheber der Diskurse sind. Nur wenn sie sich im geregelten Rahmen der bestehenden Diskurse bewegen, haben ihre Aussagen die Chance, wahrgenommen, für »wahr« genommen zu werden.

Die Gegenposition geht indessen davon aus, dass es anstelle von Subjekten nur strukturelle Determinanten gibt, die sprachlich, ökonomisch, psychologisch oder neurobiologisch festlegen, was Menschen denken, sagen und tun können. Von freien Subjekten könne keine Rede sein.

Foucault teilt diese Position nicht, auch wenn manche bis heute dieser Auffassung sind, weil er immer wieder spitzzüngig vom »Tod des Subjekts« gesprochen hat. Man rechnet ihn deshalb oft dem Strukturalismus zu (wogegen er sich ausdrücklich verwahrt hat) und wirft ihm zuweilen »kalten Antihumanismus« vor. Tatsächlich aber entwickelt Foucault gegenüber Idealismus und Materialismus bzw. Strukturalismus eine eigenständige Position, die die Bedingtheiten und Einschränkungen der Menschen klar vor Augen hat, ohne zugleich ihre Möglichkeiten zum freien Handeln zu übersehen.

Wenn Foucault vom »Tod des Subjekts« spricht, dann nicht, um die Menschen als bloße Gefangene von Strukturen oder Verhältnissen zu beschreiben. Vielmehr geht es ihm zunächst »um die schlichte Anerkennung der Tatsache, dass der in eine bereits geordnete Welt hineingeborene Mensch kein Gott ist, der sich seine Wirklichkeit neu erschaffen könnte« (Landwehr, 93). Er ist, wie bereits gezeigt, mit Diskursen aufgewachsen, die sein Denken konstituieren, seine Auffassung von »wahr« und »falsch« prägen und so sein Handeln leiten.

Daher lehnt Foucault die Vorstellung einer »Stifterfunktion des Subjekts« (*Archäologie des Wissens*, 23) im Hinblick auf die Diskurse wie auf die Geschichte ab. Ein Subjekt, das in eigener Souveränität Gedanken und Einschätzungen hervorbringt, das autonom Entscheidungen fällt, sich »Werte« erwählt und diese »umsetzt«, ein Subjekt, das als »Urheber« von Texten deren »ursprünglichen« Sinn garantiert, das also ohne Vergangenheit, ohne überkommene Überzeugungen und Ängste, völlig unbeeinflusst von den Denkformen seiner Muttersprache und seiner Umwelt handelt und spricht, wäre eine Fiktion, die der Komplexität des menschlichen Lebens nicht gerecht wird.

Diese Beobachtung mag trivial sein, wird aber dann interessant, wenn sie mit der Tatsache konfrontiert wird, dass die Diskurse zugleich einem steten Wandel unterworfen sind. Diskurse sind keine freischwebenden Hypostasen, die den Menschen sagen, was sie zu denken und zu tun haben. Immer sind die Menschen selbst die Träger der Diskurse. Sie bringen sie nicht als einzelne, souveräne Subjekte hervor, aber sie nehmen in sich auf, was sich vor ihnen als allgemeines Wissen, als *common sense* herausgebildet hat. Und indem sie Diskurse aufnehmen und reproduzieren, verändern sie sie auch. Denn keine Wiederholung kann mit dem bereits Gedachten oder Gesagten jemals völlig identisch sein.

Zudem treten Diskurse in der Regel nicht einzeln und separat auf, sondern in großen Scharen von Aussage-Formationen, von verschiedenen und manchmal konkurrierenden Diskursen, welche jeweils ihre eigene Wahrheit bzw. die ihrer Bezugsgruppe behaupten. Mit Blick darauf sprechen manche Vertreter der Diskurstheorie von »herrschenden Diskursen« und »Gegendiskursen«, um deutlich zu machen, dass dadurch den Individuen durchaus verschiedene Positionierungsmöglichkeiten offenstehen, die ebenfalls zu Veränderungen führen können.

Foucault ist mit solchen Unterscheidungen zurückhaltender, da im Grunde *jeder* Diskurs auch ein Gegendiskurs ist, der sich von einer anderen Auffassung abgrenzt. Zwischen den Diskursen der »Mächtigen« und den Diskursen der »Ohnmächtigen« möchte er keinen prinzipiellen Unterschied machen. Denn Macht ist in seinen Augen nichts Statisches, nichts, was jemand ein für alle Male innehätte; sie ist nicht einmal unbedingt an Machtpositionen oder Waffenbesitz gebunden. Sie kann fließend die Seiten wechseln. Auch oppositionelle Diskurse können mächtig werden. »Die Macht«, schreibt Foucault, »ist niemals voll und ganz auf einer Seite. So wenig es auf der einen die gibt, die die Macht ›haben‹, so wenig gibt es auf der anderen jene, die überhaupt keine haben« (*Die Macht und die Norm*, 41).

Wandel entsteht also nicht durch die Entdeckungen Einzelner, sondern durch Machtverschiebungen in der Konkurrenz der Diskurse, durch geringfügige Brüche und Diskontinuitäten, manchmal durch »radikale Ereignisse«, die dazu führen, »daß die Dinge plötzlich nicht mehr auf die gleiche Weise perzipiert, beschrieben, genannt, charakterisiert, klassifiziert und gelernt werden« (*Die Ordnung der Dinge*, 269).

Diskurse ändern sich – auch ohne das Agieren »souveräner« Subjekte; manche verschwinden, manche gewinnen nach längerem Schattendasein die Oberhand. Zu einem »Ereignis« kann im Prinzip jede Äußerung werden:

> Etwas sagen ist ein Ereignis. Einen wissenschaftlichen Diskurs halten, das ist nichts, was in einen Bereich oberhalb oder außerhalb der Geschichte fiele, sondern gehört zur Geschichte ebenso wie eine Schlacht, die Erfindung der Dampfmaschine oder eine Epidemie. Natürlich sind das Ereignisse unterschiedlichen Typs, aber es sind Ereignisse.
> (*Der Mensch ist ein Erfahrungstier*, 87)

Menschen sind also immer Teil von Entwicklungen, sie beeinflussen sie, aber sie »machen« sie nicht. Sie können ihren Willen als Subjekte zum Ausdruck bringen, aber ihr Wille wurzelt im Reichtum der Diskurse, die ihr Denken konstituieren. Wenn sie sprechen, sprechen sie niemals allein. Die Dichterin Sarah Kirsch bringt es poetisch auf den Punkt, wenn sie über ein eben geschriebenes Gedicht sagt:

> Wenn ich es niederschreibe, so bin ich nicht eigentlich ich, sondern auch Andere, die vor mir gelebt haben, mal bin ich ein heulendes Kind, mal sein furchteinflößender Vater oder eine Alte hier aus der Gegend, der zufällig ein Stör ins Netz ging. (7)

Geradeso verhält es sich mit den Texten der Bibel. Sie haben nicht *einen* Autor, sondern durchliefen einen längeren Prozess der mündlichen Überlieferung, der Niederschrift und Weitergabe, der redaktionellen Überarbeitung und Aufnahme in größere Textzusammenhänge. (Und auch »Einzelautoren« wie Paulus nehmen auf so viele bereits bestehende Diskurse

Bezug, dass seine Briefe nie die Werke eines solitären Subjekts sein könnten.) Insofern sprechen aus biblischen Texten ganze Chöre von Beteiligten, und zwar deshalb, weil in ihnen Diskurse zur Sprache kommen, die vielen so wichtig erschienen, dass sie über lange Zeiträume hinweg immer wieder aufgegriffen, wiederholt und weitergegeben wurden.

Für die Texte der Bibel Israels, des *Tanach**, die die Christen zu ihrem Alten Testament rechnen, dürfte diese Sicht völlig natürlich sein, denn sie denken grundsätzlich vom Volk Israel her: von dem von Gott angesprochenen und auf Gott antwortenden Kollektiv – nicht von der Fiktion gläubiger Einzelner. Und auch der Blick auf das Neue Testament kann interessante Vielstimmigkeiten zutage fördern: Blickt man beispielsweise auf die Quellen, die die synoptischen Evangelien verarbeitet haben, ist die Frage ja nicht nur, welches Evangelium welche Quellen benutzt hat, sondern auch, wie mit der Auswahl der Quellen Diskurse befestigt und tradiert oder verändert wurden.

Um die vorangegangenen Beobachtungen zusammenzufassen, gilt es, auf die Frage vom Anfang dieses Kapitels zurückzukommen, was von den biblischen, dogmatischen oder metaphysischen Texten bleibt, nachdem sie unter dem »geschichtlichen Blick« seit der Aufklärung ihre frühere Autorität verloren haben. Ändert sich etwas, wenn diese Texte auf die in ihnen zum Ausdruck kommenden Diskurse hin untersucht werden?

Zunächst ist festzuhalten, dass in die Zeit vor der Aufklärung kein Weg zurückführt. Die Erkenntnisse der Geschichtsforschung sind nicht mehr aus der Welt zu schaffen. Alle Texte, auch die für heilig gehaltenen, haben eine belegbare

---

* *Tanach*: Jüdische Bezeichnung für die Hebräische Bibel nach den Anfangsbuchstaben ihrer drei kanonischen Bestandteile: *Tora, Newiim* (Propheten) und *Chetuwim* (Schriften).

Entstehungsgeschichte; christliche Schlüsselbegriffe gehen in den meisten Fällen aufs Judentum zurück, und manche alten israelitischen Texte haben Wurzeln in noch älteren außerisraelitischen, »heidnischen« Kulten. Auch die christlichen Dogmen stehen nicht ein für alle Mal fest, sondern durchlaufen Entwicklungen und kommen gelegentlich auch als politische Kompromissformulierungen auf umkämpften Konzilien zustande. Und selbst das, was einmal zur offiziellen Lehre erklärt worden ist, ist nicht davor gefeit, irgendwann neu interpretiert zu werden oder allmählich durch nachlassende Beachtung außer Gebrauch zu kommen, wie in jüngerer Zeit der Dogmatiker Michael Seewald gezeigt hat.

Alle Versuche, diese Erkenntnisse außer Acht zu lassen, zu leugnen oder die biblischen Darstellungen zu historischen Ereignissen zu erklären, werden das Christentum nur sektenhafter oder fundamentalistischer machen, aber kaum zur Verständigung mit jenen führen, die sich auf der Höhe des Denkens der Gegenwart bewegen. Die verlorene Autorität der Texte und Traditionen kann nicht dadurch wiedergewonnen werden, dass ihr vermeintlich zeitloser und heiliger Charakter lediglich erneut beteuert wird. Stattdessen ist zu fragen, ob nicht anstelle des Pochens auf ihrer formalen, äußeren Autorität deren inhaltliche, innere Autorität, ihre Überzeugungskraft, wiederentdeckt werden kann – ob sich also die Verkehrung von Form und Inhalt, die in Kapitel 4 skizziert wurde, korrigieren lässt.

Hier bietet sich die diskursorientierte Lektüre der Texte, Liturgien und Riten als möglicher Weg an, denn wie keine andere Lesart macht sie mit der Geschichtlichkeit aller menschlichen Hervorbringungen Ernst. Sie entdeckt im anscheinend selbstverständlich Gegebenen Diskurse, die unterschiedlich weit in die Vergangenheit zurückreichen und aus komplexen sozialen Konstruktionsprozessen hervorgegangen sind. Sie analysiert, wie die geschichtsschweren Diskurse die Wirklichkeitswahrnehmung zur Zeit der Textentstehung mit Bedeutungsmustern versehen; sie fragt, welche Sichtweisen die Wirklichkeit also konstituieren, welche konkurrierenden Sichtweisen abgelehnt werden und wie sich auf diese Weise veränderte oder neue Diskurse entwickeln.

Gerade zentrale Begriffe wie »Gott« oder »Messias« müssen dabei besonders sorgfältig auf ihre jeweiligen diskursiven Horizonte untersucht werden, da davon auszugehen ist, dass die Diskurse, die wir in unserer Zeit mit diesen Begriffen verbinden, sich stark von den biblischen Diskursen unterscheiden. Auf diese Weise besteht eine Chance, dass die alten Texte wieder zu sprechen beginnen, dass ihre Fremdheit nicht übermalt wird und wir nicht in die Falle des von Edward Said beschriebenen »Orientalismus« gehen, der selbst bestimmt, wie etwa die altorientalischen Texte aus westlichen, dogmatisch geregelten Perspektiven zu verstehen sind.

Dabei verweigert sich die Diskursanalyse sowohl der Vorstellung der Geschichtsmetaphysik von einer beständigen Aufwärtsentwicklung in puncto Gottesbild, Ethik oder Heilsuniversalismus als auch der romantischen Idee, dass man der Wahrheit nur nahekomme, wenn man zu den reinen, unverstellten heiligen Anfängen zurückgelange. An beiden Enden der geschichtlichen Entwicklungslinie findet man nur wieder Diskurse, niemals aber die unmittelbare »objektive« Wirklichkeit. Weil es die Diskurse sind, die die Wirklichkeit für uns konstituieren, geht es darum, gerade sie radikal ernst zu nehmen und ihnen mit dem größtmöglichen Respekt zu begegnen. Diskurse sind in einem gewissen Sinn menschliche Zeugnisse.

Was biblische und andere Texte uns bieten, sind Diskurse über das Leben und seine Bedeutung, über Gott und die Welt, über Freuden und Hoffnungen, Trauer und Ängste der Menschen. Sie sind hervorgegangen aus langen Kämpfen mit widrigen Lebensverhältnissen, feindlichen Gesellschaften und konkurrierenden Anschauungen. Sie enthalten Entdeckungen von Lebensweisheit, aber auch Feinderklärungen gegenüber »Anderen«. So wurde Erhabenes ebenso wie Hässliches für würdig befunden, in die Diskurse einer Gemeinschaft, in Textsammlungen und schließlich in den biblischen Kanon heiliger Schriften aufgenommen zu werden.

Die Qualität der Heiligkeit wuchs den Texten nicht von außen zu, sondern von ihren Inhalten her. Weil sie den Menschen etwas sagten, das ihnen erhellend und gültig erschien, wurden sie wieder und wieder erzählt, abgeschrieben, weitergegeben, rezitiert und schließlich heiliggehalten. Was davon in anderen Zeiten noch einen Wert hat, den Menschen »etwas« sagt, ist nicht von vornherein auszumachen. Es hängt in erster Linie davon ab, wie die Diskurse der Entstehungszeit mit den Diskursen späterer Leserinnen und Leser kommunizieren.

Manches mag Späteren auf Anhieb weise, eindringlich und beherzigenswert erscheinen; anderes klingt möglicherweise in den Ohren anderer Generationen hoffnungslos patriarchalisch, homophob oder über die Maßen rigoristisch. Und wieder anderes kann ein überraschendes Licht auf eine Lebenssituation der Gegenwart werfen, die auf den ersten Blick nicht viel mit der ursprünglichen Situation des Textes gemein hat, aber letztlich doch einen unerwarteten Vergleichspunkt zutage treten lässt.

So kommen die Diskurse verschiedener Zeiten zustimmend oder ablehnend »ins Gespräch« miteinander: indem man den Texten »zuhört«, einen Blick entwickelt für die jeweiligen Lebenssituationen und Probleme, indem man in schwirigen Lagen nach neuen Perspektiven sucht und offen ist für Gedanken aus völlig anderen Zeiten und Kulturen. Die Texte können dann zu sprechen beginnen – nicht weil sie als heilige Texte überliefert wurden, sondern weil sie wegen ihrer Diskurse, wegen einiger besonderer Aussagen wirklich

Nur Diskurse. Nur?

interessant erscheinen. Und nicht, wie die liberale Exegese oft meint, weil es sich dabei um zeitlose, märchenartige Parabeln handle. Es sind vielmehr Aussagen, die in den Auseinandersetzungen der realen menschlichen Geschichte erkämpft wurden. Man würde sich also den Texten um dessentwillen annähern, was sie einmal sagen wollten (auch wenn man bei aller Sorgfalt der Annäherung nie vor Missverständnissen gefeit sein mag).

Die Voraussetzung dafür dürfte aber darin liegen, dass man das leidenschaftliche Interesse der biblischen Texte an einer guten Entwicklung des Lebens auf dieser Erde teilt und selbst für ein besseres Zusammenleben der Menschen in Gerechtigkeit brennt. Wer dagegen von der »Heillosigkeit der Zeit« überzeugt ist und sich nur für sein Seelenheil nach dem Tode interessiert, befindet sich in Diskursen, die ein völlig anderes Verhältnis zum Leben, zu den Mitmenschen und zum Tod konstituieren und kaum Andockstellen für die biblischen Diskurse bieten.

Diese Menschen sind es vermutlich, die den diskursorientierten Zugang zu biblischen und traditionellen Texten dann auch für allzu dürftig halten. »Nur Diskurse« sind ihnen zu wenig. Sie verlangen, dass Bibel und Tradition weiterhin unantastbare Autoritäten bleiben, die ihnen bei geleistetem »Glaubensgehorsam« individuelle Heilsversprechen machen. Die Vorstellung, dass man sich biblischen Diskursen nicht in allen Fällen gehorsam anschließen muss, gilt ihnen als »relativistisch«. Dass sie selbst aber mit dem großen Schatz an diesseitsorientierten biblischen Texten kaum etwas anfangen können und ihn geflissentlich ausblenden, scheint ihnen nicht aufzufallen. Letztlich werden trotz ihrer Beteuerung, dass »die ganze Bibel« für sie verbindlich sei, die biblischen Inhalte insgesamt für sie ein deutlich geringeres Gewicht haben.

Insofern bedeutet der diskursanalytische Umgang mit der Bibel nicht unbedingt eine Verarmung nach dem Verlust ihrer äußeren Autorität, sondern möglicherweise eine Entdeckung ungeahnter Reichtümer. Er respektiert die Einzeltexte in ihrem geschichtlichen Gewordensein, versteht sie nicht als Berichte von einer göttlichen Sphäre, die glaubend anzuerkennen wäre, sondern liest sie als mögliche Diskurse darüber, wie man dem Leben und seinen Abgründen begegnen kann. Er beachtet die Konfliktfelder, in die die Texte hineinsprechen, und erkennt die große Pluralität der vertretenen Positionen.

In dieser Pluralität sehen christliche diskursanalytische Leserinnen für sich bereits eine Aufforderung, ihren eigenen Standpunkt zu entwickeln. Schließlich ist es vollkommen unmöglich, *allen* biblischen Positionen gleichermaßen zuzustimmen. Sie sagen Nein zu Aussagen, die sie nicht überzeugen. Sie müssen nicht »die ganze Packung kaufen«; als Menschen der (Post-)Moderne nehmen sie nur auf, was sie überzeugt. Insofern realisiert dieser »nichtfetischistische« Umgang mit der Bibel einerseits den Respekt vor den Lebensäußerungen jener Menschen, die in Bibel und Tradition zu Wort kommen, und andererseits den Respekt vor der eigenen punktuellen Autonomie, von der in Kapitel 1 die Rede war.

Bei alledem ist die historische Diskursanalyse keine fest umrissene Methode mit einer Schritt für Schritt festgelegten Vorgehensweise. Sie ist eher eine konzentrierte Aufmerksamkeit für die diskursiven Gehalte ihrer Forschungsgegenstände, wobei jeder Gegenstand eigene, spezifische Umgangsweisen erfordert. Sie fragt nach den unausgesprochen gültigen Regeln für das Sagbare und Denkbare in den Texten; sie bemüht sich, die verborgenen Herrschafts- und Abhängigkeitsbeziehungen freizulegen, und will wissen, welche Bilder von Wirklichkeit mit welchen Mitteln hergestellt werden. Die Diskursanalyse zielt damit auf ein »Mehr«, als die herkömmliche Analyse des Verhältnisses von Zeichen und Bezeichnetem erbringt. Foucault schreibt: »Zwar bestehen diese Diskurse aus Zeichen; aber sie benutzen die Zeichen für mehr als nur zur Bezeichnung der Sachen. [...] Dieses *mehr* muß man ans Licht bringen und beschreiben« (*Archäologie des Wissens*, 74).

Was die Bibel angeht, befindet sich die Diskursanalyse mit diesen Ansprüchen keineswegs in Konkurrenz zu den verschiedenen exegetischen Methoden von Juden und Christen; vielmehr kann sie auf deren Erkenntnisse nicht verzichten, um ihren eigenen Fragen bei der Annäherung an die Texte nachzugehen.

Und die christliche Dogmatik? Wird sie wissen wollen, um welche Diskurse es sich handelt, wenn die Evangelien sagen, dass Jesus der Christus sei? Wird sie womöglich die Diskursanalyse als Brücke zwischen ihr und der Exegese entdecken, die das dringend nötige Gespräch erleichtert? Oder wird sie weiter den in Kapitel 4 skizzierten antijüdischen Diskursen folgen, um sich gegen den »geschichtlichen Blick« und den jüdischen Jesus zu immunisieren?

Wenn die Dogmatik die Krise, in die sie seit der Aufklärung geraten ist, überwinden möchte, wird sie jedenfalls lernen müssen, dass sie keinen Monopolanspruch auf die Feststellung der einzig gültigen Wahrheit hat. Ihre Diskurse stehen nicht über, sondern *neben* anderen Diskursen. Sie hätte das schon an der theologischen Vielstimmigkeit des biblischen Kanons erkennen können, aber in der Moderne wird es nun endgültig keinen anderen Ausweg aus der Krise mehr geben: Die unterschiedlichen Auslegungen – von jüdischen und christlichen Exegeten, von verschiedenen Gemeinschaften mit ihren jeweiligen Perspektiven – können nur im Gespräch miteinander erörtert, aber nicht mehr zum Schweigen gebracht werden.

Der Vorwurf des Bundesbruchs an die Juden, Verketzerungen abweichender Ansichten oder Suprematieansprüche werden die Kirchen nicht bewahren oder retten, sondern letztlich zerstören. Das Argument, dass eine Kirche zur Wahrung ihrer spezifischen Identität eindeutig definierter Positionen bedarf, wird seit Jahrtausenden vom Judentum Lügen gestraft. Der Talmud ist das einzigartige Zeugnis dafür, dass unterschiedliche rabbinische Ansichten nicht nur nebeneinander existieren können, sondern müssen. Nicht einmal Gott, so heißt es im Babylonischen Talmud, Traktat *Baba Metsia* 59b, hat das Recht, zugunsten einer bestimmten Ansicht einzugreifen. Und wenn Gott das schon nicht darf, wie viel Anmaßung liegt im Ansinnen von Menschen, durch autoritäre Setzungen das immerwährende Gespräch über den Glauben zu beenden?

Die Diskursanalyse kann hier einen wichtigen Beitrag zum Gespräch der unterschiedlichen Positionen leisten. Sie denkt geschichtlich, sie befindet sich auf der Höhe der Aufklärung und geht kritisch über sie hinaus. Sie hat kein Problem mit dem Jüdischen in der Bibel, sondern sieht darin die Grundlage aller biblischen Betrachtungen. Sie hat einen Blick für die Vielfalt der zum Ausdruck kommenden Diskurse. Sie richtet nicht über Wahrheiten, sondern überlässt es den Texten, ob sie ihre Leser überzeugen können oder nicht. Ein paar Beispiele sollen das im nächsten Kapitel veranschaulichen.

Kapitel 6
Die Diskurse der Narrative

Wer spricht? Wer spricht in der Tora? Wer in den Sprüchen der Propheten? Wer spricht in den Evangelien? Wer in den Konzilsbeschlüssen? Wer spricht aus den Diskursen?

Die (von Nietzsche übernommene) Frage »Wer spricht?« hat Foucault in einer zentralen Passage der *Archäologie des Wissens* als »erste Frage« der Diskursanalyse bezeichnet. Sie gewinnt ihre Bedeutung aus der im vorigen Kapitel angesprochenen Beobachtung, dass Diskurse keine Subjekte haben, keine einzelnen Urheber, sondern immer auf bereits Gedachtem und Gesagtem beruhen. Der Horizont ist deshalb weit:

> Wer in der Menge aller sprechenden Individuen verfügt begründet über diese Art von Sprache? Wer ist ihr Inhaber? Wer erhält von ihr seine Einzigartigkeit, sein Prestige, und umgekehrt: Von wem erhält sie, wenn nicht ihre Garantie, so wenigstens ihren Wahrheitsanspruch? (*Archäologie des Wissens*, 75)

Fragen wie diese führen umgehend an die Diskurse der Untersuchungsgegenstände heran. Mit Blick auf die Bibel soll in diesem Kapitel veranschaulicht werden, was von der Weltsicht ihrer Texte und von ihren Wahrheitsansprüchen ans Licht kommt, wenn man diskursanalytisch konsequent nicht nach den Fakten »hinter« den Texten Ausschau hält, nicht hermeneutisch nach der Wahrheit »am Grunde« der Texte fragt und auf metaphysische, dogmatische und geschichtsphilosophische Vorannahmen verzichtet (soweit man sich ihrer bewusst ist). Das wird im begrenzten Rahmen dieses Essays nur exemplarisch und skizzenhaft möglich sein (aber meine Hoffnung ist, dass sich in absehbarer Zeit Exegeten und Theologen finden, die gemeinsam an ausführlicheren biblischen Diskursanalysen arbeiten).

Vorab scheint mir noch ein grundlegender Gedanke wichtig. Eine Argumentation, die mit den Worten beginnt: »Die Bibel sagt ...«, ist nicht nur in diskursanalytischer Hinsicht inakzeptabel. Die Rede von »dem« Gottesbild der Bibel, von »der« Zielrichtung aller ihrer Texte oder von »der« biblischen Heilsbotschaft bringt einen autoritären Diskurs zum Ausdruck, der die Vielstimmigkeit unsichtbar macht und die Heiligkeit des Buches zur »Heiligung« der eigenen Positionen missbrauchen will.

Wenn man schon mithilfe solcher Begriffe die Fülle der biblischen Erzählungen ordnen möchte, sind nur Plurale angebracht: Gottesbilder, Menschenbilder, Geschichtsverständnisse, Heilsvisionen. Man kann mit einigem Recht behaupten, dass es gerade diese Vielstimmigkeit ist, in der die Heiligkeit der Bibel zum Tragen kommt; denn nur sie engt Gott nicht auf wenige Begriffe ein, sondern bewahrt gerade durch ihre widersprüchlichen Spannungen die Weite der Diskurse.

Im Judentum hat man – wie bereits im vorigen Kapitel angedeutet – sich zu genau dieser Sichtweise durchgerungen. Angesichts der Vielfalt der rabbinischen Auffassungen, wie der Tanach zu verstehen sei, stellte sich immer wieder die Frage nach dem Umgang damit. Im Traktat *Chagiga* im Babylonischen Talmud ist die Rede von denen, die im Lehrhaus die Tora studieren wollen und auf Rabbinen mit manchmal völlig gegensätzlichen Urteilen treffen:

> Manche halten etwas für rein, die anderen für unrein, diese verbieten es, jene erlauben es, diese erklären es für unbrauchbar, jene für brauchbar.

Das macht das Studium der Tora nicht einfach. Manche wenden ein:

> Da einige die Sache für rein und andere für unrein halten, diese es verbieten und jene es erlauben, diese es für unbrauchbar und jene es für brauchbar halten – wie soll ich da Tora lernen?

Müssen deshalb manche Interpretationen für irreführend oder sinnlos erklärt werden? Der Talmud gelangt zu einer anderen Position:

> Deswegen sagt die Schrift: »All diese [Auslegungen] wurden von *einem* Hirten gegeben.« *Ein* Gott hat sie gegeben, *ein* Anführer [d. h. Moses] hat sie verkündet vom Munde des Herrn der ganzen Schöpfung, gelobt sei Er, wie geschrieben steht »Und Gott sprach *alle* diese Worte« (Exod. 20:1).

Die Konsequenz ist bemerkenswert: Die vielen unterschiedlichen Auslegungen sind nicht bedeutungslos, sondern bedeutsam. Der Talmudabschnitt macht daraus ein theologisches Prinzip und fordert auf, sie *allesamt* ernst zu nehmen:

> Deshalb sperrt eure Ohren auf, gleich einem Trichter, und öffnet euer Herz, um die Worte derer zu verstehen, die eine Sache für rein, als auch derer, die sie für unrein halten, die Worte derer, die etwas verbieten, als auch die Worte derer, die es erlauben, die Worte derer, die eine Sache für unbrauchbar, als auch derer, die sie für

brauchbar erklären. (*Chagiga* 3b, zit. n. Boyarin, *Den Logos zersplittern*, 12)

Diese Aufforderung zur Offenheit für die unterschiedlichen Auslegungen entbindet natürlich die Studierenden der Tora keineswegs davon, ihren eigenen Standpunkt zu finden. Klare Positionen sind weder unmöglich noch unerwünscht. Im Gegenteil: Der Text macht deutlich, dass weder die eine noch die andere Einstellung aus der jüdischen Gemeinschaft auszuschließen ist.

Bekanntlich war diese pluralistische Grundhaltung nicht von Anfang an die übliche Praxis im entstehenden rabbinischen Judentum. Es gibt zahlreiche Hinweise auf langanhaltende Machtkämpfe, sogar auf gewaltsame Auseinandersetzungen um das letzte Wort im Lehrhaus, auf gegenseitige Ausschlüsse und notdürftige Kompromisse.

Den zitierten Talmudabschnitt hält der Literaturwissenschaftler David Stern darum für ein literarisches Produkt aus einer relativ späten Phase der redaktionellen Zusammenstellung des Talmuds, nicht für eine Widerspiegelung tatsächlicher rabbinischer Diskussionen. Der Talmudforscher Daniel Boyarin datiert sie auf das späte vierte oder frühe fünfte Jahrhundert, auf eine Zeit also, als die Redaktoren mit einer Vielzahl einander widersprechender Positionen konfrontiert waren und entscheiden mussten, welche davon sie in den Talmud aufnehmen wollten und welche nicht. Sie beschlossen, nach dem Vorbild der Redaktion der Bibel,»verschiedene Auffassungen als gleichermaßen gültig zu versammeln« (Boyarin, *Den Logos zersplittern*, 15).

Dass solche Entscheidungen im vierten Jahrhundert heranreiften, hat eine Parallele im Christentum. Während aber »der Talmud die unabgeschlossene Dialektik der Textauslegung in den Rang eines göttlichen Grundsatzes erhebt« (Boyarin, *Den Logos zersplittern*, 38), geht die Entwicklung im

Die Diskurse der Narrative

Christentum in die entgegengesetzte Richtung: War in den Schriften der Theologen *vor* dem Konzil von Nicäa im Jahr 325 noch eine relativ große Bandbreite unterschiedlicher Positionen zu finden, gewann mit dem von Kaiser Konstantin I. einberufenen ersten Konzil der Gesamtkirche eine Tendenz zur Vereinheitlichung, zur einstimmigen Wahrheit, die Oberhand: »Dissens und Debatte wurden buchstäblich beiseitegewischt« (Lim, 227). Mit dem Konzil von Konstantinopel im Jahr 381 schließlich »erstarrte die Lehre von Nicäa […] zur Orthodoxie« (Barnes, 62).

So führte die Auseinandersetzung mit der Vielfalt an Texten und Auslegungen in dem einen Fall zu einem exklusiven, ausgrenzenden Verfahren, im anderen am Ende zu einem eher inklusiven, pluralistischen Weg. Man muss nicht Boyarins berühmter These einer späten, erst nachkonstantinischen Trennung von Judentum und Christentum zustimmen, um zu sehen, dass zumindest mit diesen entgegengesetzten Lösungen die Verständigung zwischen Juden und Christen ab dem vierten Jahrhundert empfindlich erschwert wurde.

Für das christlich-jüdische Verhältnis in der Gegenwart ist es weiterhin ein Ärgernis, wenn manche christlichen Würdenträger auftreten, als seien sie allein im Besitz der einzig wahren Interpretation von Altem und Neuem Testament. Das Bekenntnis, dass auch die jüdische Bibelauslegung ihr »Recht« habe und dass man durchaus voneinander lernen könne, bleibt bloße Pose, solange man nur jeweils feststellt: Ihr denkt so – wir denken anders. In einem echten Gespräch muss indessen über unterschiedliche Auslegungen ernsthaft diskutiert werden können und die Möglichkeit bestehen, dass sich die Einstellungen der Gesprächspartner dabei verändern.

Vor dieser Herausforderung steht die christliche Theologie heute. Um die Erzählbarkeit ihrer zentralen Geschichten wiederzugewinnen, wird sie sich nicht nur dem weitgehend jüdischen Charakter ihrer Heiligen Schriften, sondern auch dem ihr innewohnenden Pluralismus stellen müssen. Darüber hinaus ist es an der Zeit, die jüdische Expertise zur Bibel ernsthaft zur Kenntnis zu nehmen – seit der Mitte des 19. Jahrhunderts wurden die Gesprächsangebote von Abraham Geiger und vielen anderen jüdischen Gelehrten immer wieder düpiert.

Der Gott des Exodus

Um den Diskurs zu verstehen, der mit dem »Gott des Exodus« verbunden ist, ist es wichtig, ihn nicht mit den christlichen Gottesdiskursen der Moderne zu vermischen. In der Moderne ist die *Existenz* Gottes das oberste Thema – in der Bibel wird sie als selbstverständlich vorausgesetzt. Und unter denen, die Gottes Existenz heute bejahen, sind viele, die Gott in erster Linie als eine Art Instanz für die Aufrechterhaltung der Ethik betrachten: Wenn es Gott nicht gebe, sei alles erlaubt, meinte etwa Fjodor M. Dostojewski und fragte 1878 rhetorisch, »warum soll ich dann nicht jemanden abschlachten, berauben, bestehlen oder wenigstens auf Kosten der anderen leben?« (463). Damit setzte er einen Gedanken in die Welt, der bis in die Gegenwart immer wieder aufgegriffen wird. In jüngerer Zeit spricht etwa Manfred Lütz in einem populärwissenschaftlichen Buch davon, dass man »die Sau rauslassen« (30) könne, wenn Gott nicht existiere. Gott wird – nach diesem Diskurs – also in erster Linie als notwendige gesetzgebende und strafandrohende Autorität gebraucht, als ödipale Vaterfigur, die die widerspenstigen Kinder im Zaum hält.

In der Bibel ist der Diskurs des strafenden Gottes – wie vielerorts im alten Orient – ebenfalls bekannt, unterscheidet sich aber wesentlich von solchen modernen Funktionalisierungen. Die Strafen Gottes für menschliches Fehlverhalten werden in der Bibel dort vermutet, wo die Menschen mit Hungersnöten, Kriegen, Seuchen und Angriffen wilder Tiere konfrontiert sind. (Dieser Konnex ist in der Moderne kaum noch denkbar, was aber nicht heißt, dass der Diskurs des strafenden Gottes nicht mehr gepflegt wird: Der orthodoxe Rabbiner Menachem Immanuel Hartom etwa sieht sogar die Schoa als Strafe Gottes für die Assimilation der Juden an die moderne Welt.)

Der Gott des Exodus, der Gott des Auszugs aus der Sklaverei in Ägypten, steht zu diesem strafenden Gott in diskursiver Konkurrenz. Was die Versklavung (vor-)israelitischer Nomadengruppen und deren Heranziehung zu großen Bauprojekten in Ägypten betrifft, läge ja die Deutung als Strafe Gottes durchaus im Rahmen der altorientalischen Diskurse. Von alledem ist aber in den Exodus-Erzählungen der Bibel keine Rede.

Im Gegenteil: Vorwürfe fehlender Glaubenstreue, mangelnder Opfergaben oder grassierenden Unrechts unter den Israeliten, die die generationenlange Knechtschaft in Ägypten hätten »rechtfertigen« können, werden nirgendwo laut. Als Gott in der Erzählung vom brennenden Dornbusch zu Mose spricht und ihn auffordert, sein Volk aus der Knechtschaft herauszuführen, fallen ganz andere Worte:

> Ich habe das Elend meines Volkes in Ägypten wirklich gesehen. Ich habe gehört, wie sie vor ihren Peinigern aufschrien. Ja, ich kenne ihre Schmerzen. Deshalb bin ich herabgekommen. Ich will sie aus der Gewalt Ägyptens retten, ich will sie aus diesem Land hier hinausbringen in ein gutes und weites Land, ein Land, das von Milch und Honig überfließt ... (Ex 3,7–8)

Hier spricht keine kastrierende ödipale Vaterfigur. Gott muss nicht durch Wohlverhalten oder Opfergaben bewegt werden, etwas für sein Volk zu tun. Es bewegt ihn, dass das Volk leidet und klagt. »Er« verlässt seinen Ort und kommt »herab« zu den Menschen – er ist offenbar kein ferner Herrscher. Er kennt die Schmerzen seiner Menschen und will nicht, dass sie leiden. Er will, dass sie frei sind und dass es ihnen gut geht.

Ganz offensichtlich wird hier eine konkurrierende Sicht gegen den Diskurs von Gott als einer strafenden oder belohnenden Herrscherfigur ins Gespräch gebracht. Gott ist der in die Geschichte eingreifende souveräne Befreier. Er wird aus eigenem Ermessen aktiv – man muss ihn nicht um Hilfe anflehen oder mit Geschenken auf sich aufmerksam machen. Für sein Volk gibt es dementsprechend auch keinen Anlass, sich der eigenen Lage zu schämen oder gar Schuldgefühle deshalb zu haben.

Wer spricht hier? Wer bezeugt diesen Gott des Exodus? Wie bereits im vorigen Kapitel erläutert, ist es nicht sinnvoll, nach der Wirklichkeit hinter den Narrativen zu suchen – etwa nach der historischen Gestalt Moses oder nach dem Zeitpunkt und der Route des Exodus. Was als Wirklichkeit gelten soll, legen die Diskurse fest – und in ihnen zeigen sich die Erfahrungen von Generationen. Die Wirklichkeit, von der sie sprechen, ist nicht die Historizität bestimmter Akteure und Vorgänge, sondern das Recht der Menschen auf Freiheit und die Überzeugung, dass Gott selbst dieses Recht garantiert.

Überwiegend geht die Bibelwissenschaft heute davon aus, dass die Erzählungen vom Exodus und von den Gottesoffenbarungen in der Wüste Sinai erst nach der Rückkehr der israelitischen Oberschicht aus dem Babylonischen Exil um 500 v. Chr. aus einer Reihe von älteren Einzelüberlieferungen geschaffen wurden. Die erzählte Zeit und die Zeit des Erzählens liegen also einige Jahrhunderte auseinander. In der Zeit nach dem Exil, in der es für die Juden darum ging, nun unter persischer Herrschaft ein neues Leben aufzubauen und sich als jüdisches Volk neu zu konstituieren, hatte der Rückbezug auf den Auszug aus Ägypten, auf eine Freiheitsgeschichte in der eigenen Frühzeit also, sicher große Bedeutung für die Gewinnung von Selbstbewusstsein und kollektiver Identität.

Doch das Material dieser Erzählungen reicht in einzelnen Fällen sehr viel weiter zurück. Forscher und Forscherinnen finden darin Elemente, die aus Auseinandersetzungen in der babylonischen, assyrischen und salomonischen Zeit stammen könnten. So spiegelt wohl das Narrativ, in dem Gott zu Mose aus einem dornigen Strauch in der Wüste spricht, einen Diskurs der Kritiker des Tempelbaus von König Salomo wider:

> Komm nicht zu nahe heran! Zieh die Sandalen aus, denn der Ort, an dem du stehst, ist heiliger Grund.
> (Ex 3,5)

Hier, so darf man wohl lesen, hier im Staub und Dreck der Wüste ist der Ort, an dem man Gott begegnet, nicht im kostbar ausgestatteten Tempel in Salomos Jerusalem. *Hier* soll man seine Schuhe ausziehen, wie es an Tempeln und anderen heiligen Stätten üblich ist. »Alles Heilige ist kein menschenkünstliches, nach außen wirkendes Schaugepränge« (21) – so hallt dieser Diskurs in einem Kommentar des orthodoxen deutschen Rabbiners Samson Raphael Hirsch (1808–1888) noch nach.

Auch der Dornbusch selbst war für zahlreiche Interpreten Anlass zu Fragen. Manche hat es beschäftigt, dass Gott mit dem Dornbusch den denkbar niedrigsten Ort gewählt hat, um zu Mose zu sprechen. »Warum aus dem Dornbusch und nicht aus der Mitte eines großen Baumes, etwa einer Dattelpalme?«, fragte Rabbi Eleasar ben Arach, ein tannaitischer Gelehrter des ersten Jahrhunderts n. Chr., und gab die Antwort, dass Gott eben bei seinem Volk in der Not sein wolle. Er ließ Gott sagen: »Sie befinden sich in der Unterjochung, und

ich bin desgleichen im Dornbusch, an einem engen Ort«
(zit. n. Krochmalnik, 81).

Dieser Gedanke bindet das Bild vom Dornbusch wieder zurück an den Diskurs vom Gott, der herabsteigt, um sein Volk aus der Sklaverei zu befreien. Dieser steht deutlich in Opposition zum offiziellen Kultgott des israelitischen Königreiches, dem man zeitweilig sogar eine Göttin zur Seite stellte, um mit den Göttern der Nachbarreiche gleichziehen zu können. Wer also spricht hier? Vermutlich sind es an dieser Stelle Vertreter der »Pro-JHWH-Bewegung« (Manfred Görg, *Wege zu dem Einen*, 101), die JHWH, den Gott des Exodus, den Sklavenbefreier, den Gott der Flüchtlinge im Wüstendreck, gegen seine allmähliche Verstädterung und Verherrschaftlichung verteidigten. Die Erinnerung an die Zeit der Befreiung aus der Knechtschaft sollte gegen neue Zwänge stark gemacht werden.

Die Mittel, mit denen dieser konkurrierende Gottesdiskurs in der Erzählung installiert wurde, sind hier gut zu studieren: Flankiert von mirakulösen Elementen wie dem brennenden, aber nicht verbrennenden Busch tritt hier Gott selbst in Erscheinung. Und er interpretiert dabei höchstselbst seinen rätselhaften Namen JHWH mit Umschreibungen, die zugleich Zusagen sind: »Ich bin, der ich bin«, »Ich bin da« und »Ich werde sein, der ich sein werde« (Ex 3,14) sind gängige Übersetzungen. Das Spiel mit den Bedeutungen von Sein, Für-euch-da-Sein und Unverfügbar-Sein bringt den Namen unmittelbar in Verbindung mit dem souveränen Eingreifen dieses Gottes für sein Volk und deutet an, »dass in dem bereits bekannten Namen schon enthalten ist, was Gott zu tun beabsichtigt« (Dohmen, 158).

Darüber hinaus verknüpft der Text den Namen JHWH mit dem allgemeinen Begriff *Elohim* (Gott) zu einer Art Doppelnamen und identifiziert ihn zugleich mit dem »Gott der Väter«: Die Erzählung verknüpft also alle im Umlauf befindlichen Bezeichnungen und Vorstellungen mit dem Gott des Exodus. Das aber verändert auch alle anderen Vorstellungen, wie Manfred Görg (1938–2012) meint: »Hier geht es keineswegs nur um eine formale Assoziation des [...] Gottesnamens JHWH mit der [...] Gottesbezeichnung Elohim, sondern um eine theologische Neuprägung eines radikalen Gottesverständnisses« (*Wege zu dem Einen*, 101).

Die anderen Gottesdiskurse werden also keineswegs für nichtig erklärt, sondern vielmehr vom Befreiungshandeln JHWHs ausgehend neu interpretiert. Mit einzigartiger Wirkung: Im gesamten Tanach wird der Exodus aus Ägypten zum zentralen Bezugspunkt für die Identität Israels. Die »Herausführungsformel« findet sich an zahlreichen Stellen in der gesamten Bibel, in frühen und späten Texten, in allen Textgattungen, auch im Neuen Testament und im Talmud. »Themen«, schreibt Brevard Childs, »die in den frühesten Ausgestaltungen der mündlichen Überlieferung einmal selbständig waren, wurden als Teile der einen Geschichte nach und nach in den Hauptstrom der Exodus-Überlieferung eingefügt« (162).

Das gilt auch für die »Zehn Gebote« oder »Zehn Worte«, wie man richtiger sagen sollte, da schon das »erste Wort« des Textes kein Gebot ist, sondern gerade diese Herausführungsformel. Sie ist weit mehr als ein bloßer Vorspann, wie christliche Ausleger immer noch häufig meinen; sie ist Ausgangspunkt und Grundlage, die alles Folgende in das Licht der Befreiung taucht:

Ich, JHWH, bin dein Gott, der dich aus dem Land Ägypten herausgeführt hat, aus dem Sklavenhaus. (Ex 20,2)

So konfiguriert die Exoduserzählung mit ihrem Freiheitsdiskurs die Regeln, die sich die Nachkommen der Israeliten in Erinnerung an die entronnenen Sklaven geben: Nicht Gängelung sollen die Zehn Worte sein, sondern Struktur für ein Zusammenleben, das die gewonnene Freiheit bewahrt:

> Du wirst neben mir keine anderen Götter haben.
> Du wirst dir kein Götterbild machen, auch keinerlei Abbild dessen, was oben im Himmel oder unten auf der Erde oder im Wasser unter der Erde ist.
> Du wirst dich vor ihnen nicht niederwerfen und ihnen nicht dienen.
> (Ex 20,3–5)

Und so weiter. Der religionskritische Einschlag ist unübersehbar. Die Verehrung von allem, was sich nicht als Aspekt des Befreiers JHWH begreifen lässt, ist Götzendienst, Untertanendasein, Unfreiheit. Nur der Bund mit JHWH, dem (nachexilisch) Bilderlosen und Gestaltlosen, der »nur Stimme« aus dem brennenden Busch ist (Dtn 4,12), ermöglicht die Freiheit von jeder Unterwerfung unter Menschen und Götter.

Bestimmend ist die Auffassung, dass Freiheit gerechten Umgang aller mit allen braucht. Nicht Gnade, sondern Recht. Dazu gehört, den Schabbat in Erinnerung an den Exodus zu halten, die Eltern zu achten, nicht zu töten, keine Beziehungen zu zerstören, nicht zu stehlen, bei der Wahrheit zu bleiben usw. Ton Veerkamp bringt es folgendermaßen auf den Punkt: »Nur wenn sich das Volk eine Rechtsordnung geben lässt, die auf der *Grundordnung* (*Gott*) der Freiheit von jedem Sklaventum beruht, zeigt es, dass sein *Gottesdienst* die Alternative zu jedem *Menschendienst* ist, zu jeder Herrschaft von Menschen über Menschen« (143).

Mit der Zeit verändern sich die Diskurse, die mit dem Exodus-Narrativ verbunden werden. Gefahren der Verflachung, der nationalen Verengung, der Indienstnahme für Herrschaftsinteressen werden sichtbar und verlangen nach Antworten. Doch der Kerngedanke, dass dieser Gott kein Unrecht

Die Diskurse der Narrative

und kein Leiden will, hält sich auch in den Transformationen der Diskurse.

So weitet etwa der Babylonische Talmud diese Perspektive auch auf die Ägypter aus, die den Israeliten beim Auszug nachsetzen und dann im Meer umkommen. Darüber will Gott keinen Jubel hören:

> Die Dienstengel wollten nämlich ein Lied anstimmen, da sprach der Heilige – gepriesen sei er – zu ihnen: Meiner Hände Werk ertrinkt im Meer, und ihr wollt ein Lied anstimmen?! (*Megilla*, 10b)

An die Seite der Diskurse über Freiheit und Recht tritt damit ein Diskurs über die Gleichheit der Menschen: Sie sind alle Gottes Werk. Der Grundgedanke, dass der Gott Israels entschieden auf der Seite der Unrecht Leidenden steht und nur aus der Perspektive der Unterdrückten und der Opfer von Gewalt richtig gesehen wird, bleibt nicht nur erhalten, sondern wird weiter entfaltet. Die Exodus-Erzählung wird zum Paradigma des Befreiungswillens Gottes schlechthin – auch über das Volk Israel hinaus.

Beeindruckend finde ich, wie in einem sehr persönlichen Buch des Schriftstellers und Künstlers Marek Halter, in dem er seinen Patenkindern über sein Judentum nach der Schoa Auskunft gibt, der Diskurs ebenso frisch zutage tritt – und weiter angereichert wird. Auch er bezieht sich auf die Herausführungsformel:

> »Ich bin der HERR, dein Gott, der ich dich aus dem Land Ägypten, aus dem Sklavenhaus herausgeführt habe« (Ex 20,2).
>
> Diese wenigen Zeilen stellen die knappste Zusammenfassung in der Geschichte des menschlichen Denkens dar. In nur zwei Sätzen entdecken die Menschen, daß

sie in die Zeit hineingestellt sind. Aber nicht irgendwie, sondern als frei! Gott hat sie aus dem »Sklavenhaus« herausgeführt. Dadurch zeigt Er auch, daß der Menschheit die Zeit als potentielles Werkzeug der Befreiung gegeben wurde. (89)

Das Stichwort der *Zeit* markiert hier aber zugleich eine Scheidelinie zwischen Judentum und Christentum. Im Judentum ist, wie man an Halters Worten sehen kann, die Vorstellung lebendig, dass die Zeit – das irdische Leben – dasjenige Terrain ist, auf welchem die Menschen jegliche Unterwerfung abzuwehren und für mehr Gerechtigkeit zu sorgen haben. Das Christentum hingegen hat das biblische Zeitverständnis nicht übernommen, sondern »praktisch immer mit geborgten Zeitvorstellungen gearbeitet« (Metz, V, 70).

Wie bereits in Kapitel 4 angesprochen, war das frühe Christentum – trotz offizieller Verurteilungen – auf die Dauer nicht immun gegen das gnostische Axiom von der Heillosigkeit der Zeit und der Zeitlosigkeit des Heils. Das hat Folgen bis auf den heutigen Tag, wie Johann Baptist Metz schreibt: »In den vielen gegenwärtigen Aussagen zur Zeit gibt es nämlich m. E. zu viel zeitlose Zeit, beginnlose und endlose, verheißungslos-›leere‹ und überraschungsfreie Zeit, eben ›Ewige Zeit‹« (V, 71).

Anders ausgedrückt: Die Hoffnungen eines solchen Christentums richteten sich im Wesentlichen auf die »Ewigkeit«. Heil war jenseitig, zeitlos zu denken. Wer es hingegen wie Thomas Müntzer oder die Befreiungstheologie diesseitig formulierte, stand schnell unter Materialismus- und Häresieverdacht (und es ist keineswegs ausgemacht, dass sich der Wind nicht wieder in diese Richtung dreht).

Mit den diesseitigen biblischen Heilsvorstellungen der Befreiung aus der Sklaverei, des Aufbruchs ins »Gelobte Land« und der »irdischen« Gerechtigkeit, mit den Hoffnungen auf

Befreiung von der Besatzungsherrschaft konnte die traditionelle christliche Theologie entsprechend wenig anfangen. Solche Vorstellungen wurden immer wieder als gefährliche Ablenkung vom »eigentlichen«, jenseitigen Heil kritisiert.

Deshalb gelten die Exodus-Erzählungen, die so wesentlich für das Verständnis der biblischen Traditionen sind, vielen im Christentum nicht als Rückgrat aller Theologie, auch kaum als partikularer Freiheitskampf, sondern bestenfalls als Ringen Israels um »das Recht auf die Freiheit der Anbetung, des eigenen Gottesdienstes« (Ratzinger, *Jesus von Nazareth* I, 113) oder als »Vorausdarstellung« Christi: »Das Kreuz Jesu ist Exodus – Heraustreten aus diesem Leben, Hindurchgehen durch das ›Rote Meer‹ der Passion und Hinübergehen in die Herrlichkeit, in die freilich immer die Wundmale eingezeichnet bleiben« (ebd., 359).

Bedeutung hat der Exodus in dieser Perspektive somit hauptsächlich als *Symbol* für das »Christusereignis«. Und damit wird das »fleischliche« Geschehen der Sklaverei und des Auszugs aus dem »Sklavenhaus« entwichtigt, während die »geistliche« Dimension allein im Kreuz Christi gesehen wird. Das folgt einem alten antijudaistischen Muster, das der Religionsphilosoph Michael Wyschogrod (1928–2015) folgendermaßen beschrieben hat: »Der Glaube Israels wird als praespirituell abgetan, als fleischlich und frühe Phase des menschlichen Bewußtseins, das erst während des Reifeprozesses der ethnischen Gruppe erwachsen wird. Das christliche Selbstverständnis als neues, geistliches Israel bringt diese Überzeugung zum Ausdruck« (67).

Erkennbar ist hinter diesen Gegenüberstellungen ein anderer Diskurs: Er betrachtet die Zeit als Entwicklung auf ein feststehendes Ziel der Vollendung hin, wobei das Ältere vom Jüngeren abgelöst wird, das Niedrige vom Höheren, das Materielle vom Geistigen, die »Vorgeschichte« von der eigentlichen Geschichte, das Alte vom Neuen Testament, das Judentum vom Christentum usw. Das Leben des einzelnen Menschen, seine »Geschichte concretissime« (Taxacher, 433), ist in einer solchen geschichtsphilosophischen Schau letztlich bedeutungslos. Es kann allenfalls, wie Hegel es ausdrückte, in »Moralität, Sittlichkeit, Religiosität« (49) vor Gottes Angesicht seine Erfüllung finden; die konkrete Hoffnung auf ein Land der Freiheit, in dem Milch und Honig fließen, wäre hingegen Anmaßung.

In dieser Sicht ist Gott der »Herr der Geschichte«, der sittlichen Gehorsam, Glauben und Schicksalsergebenheit einfordert. Mit dem Gott des Exodus hat er letztlich kaum etwas zu tun. Denn in den Exoduserzählungen des Tanach sind die Unrechtserfahrungen und Entwürdigungen der Menschen nicht nur eine Phase im Geschichtsprozess, sondern *für sich genommen* bedeutsam. Und dies wiederum hat Konsequenzen für den Diskurs über den Gott des Exodus: Beim Glauben an diesen Gott geht es an keiner Stelle um intellektuelle Meditationen über dessen Existenz oder über eine hinter der Welt stehende Macht, einen »unbewegten Beweger« (Aristoteles) oder dergleichen. Das Narrativ vom Exodus überliefert vielmehr den Glauben der Sklaven, sich für ihr Unterdrücktsein nicht schämen zu müssen, sondern angesichts ihrer Leiden auf die Solidarität dieses Gottes zählen zu können. Ihr Glaube ist ein Glaube an das Recht auf Freiheit.

Dass man ein solches Recht hat, kann man tatsächlich nur *glauben*. Es gibt keine Beweise, keine Garantien, dass es so ist. Man muss daran glauben, dass man kein nichtswürdiges, verächtliches Wesen ist – dass man einen Wert, eine Würde hat. Sie ist nicht objektiv feststellbar wie ein körperliches Merkmal; nur indem man an die eigene Würde glaubt, wird sie wirklich. In der Sklaverei geborene Menschen müssen glauben lernen, dass sie – in der Wahrheit dieses Diskurses – keine geborenen Sklaven sind, dass das Sklavendasein weder ihre Bestimmung noch ihr unabänderliches Schicksal ist. Wer das nicht glauben kann, wird Sklave bleiben.

Ähnlich verhält es sich mit der Gerechtigkeit. Gerechtigkeit gibt es nicht, wie es andererseits Gefängnisse und die Peitschen der Aufseher gibt; dennoch kann Gerechtigkeit ganz konkret und praktisch verwirklicht werden – wenn Menschen sie für möglich halten. Indem man an den Gott glaubt, der herabsteigt, um sein Volk aus der Gewalt der Sklaverei herauszuführen, glaubt man zugleich an die Gerechtigkeit und daran, dass sie einem zusteht: Man glaubt an die eigene Würde. Der Glaube an Gott, an Gerechtigkeit und an sich selbst werden eins. Und dieser Diskurs beschreibt keine Wunschvorstellung, sondern *konstituiert* die Wirklichkeit, von der er spricht.

So führt uns der Diskurs über den Gott des Exodus schließlich eine andere Art des Glaubens vor Augen: Er ist kein Fürwahr-Halten von »Heilstatsachen«, keine Unterwerfung unter Mächte, denen man sich ausgeliefert fühlt, sondern ein Bündnis mit der Macht des Lebens und der Gerechtigkeit. Das dürfte weit weniger abstrakt sein als der Glaube an ein überweltliches Wesen; denn jede Herausforderung der eigenen Würde weckt diesen Glauben: Jedes »Das habe ich nicht verdient!«, jedes »So darf man mit Menschen nicht umgehen!« ist bereits ein Ausdruck, eine Erfahrung dieses Glaubens (ob sie nun mit Gottesvorstellungen verbunden wird oder nicht).

Während andere Glaubensformen darauf verweisen, dass es sich ja eines Tages als wahr herausstellen könnte, was da geglaubt werden soll, erfährt der Glaube an die Einheit von Gott, Gerechtigkeit und Würde nicht erst irgendwann eine Bestätigung, sondern umgehend: Wer an den solidarischen Gott, die Gerechtigkeit und sich selbst glauben kann, lebt schon ein anderes Leben.

Opfer

Von Opfern und Opferritualen ist an Hunderten von Stellen in der Bibel die Rede. Vielen erscheint das damit verbundene Denken fremd, »archaisch« oder als Ausdruck einer unbedingt zu überwindenden Religiosität des Tauschhandels, des »do ut des«. Manche christlichen Theologen wittern in der Opfertheologie den Pferdefuß für jeden modernen Glauben; sie schlagen sie insgesamt dem Judentum zu und setzen sich dafür ein, das Christentum von allen entsprechenden Resten zu säubern.

Einem genaueren Blick halten solche Pauschalisierungen nicht stand. Anzutreffen sind in der Bibel zahlreiche unterschiedliche Arten des Opfers (Ganzopfer, Speiseopfer, Mahlopfer, Reinigungsopfer und Schuldopfer) und ebenso viele unterschiedliche und zum Teil miteinander konkurrierende Diskurse, die die diversen Opferpraktiken formen und tragen.

Zudem gilt es, unterschiedliche Phasen der Opferpraxis im Auge zu behalten: Mit Blick auf das alte Israel kann man durchaus von einer Zentralität des Opferkults sprechen, aber auch das nach dem Babylonischen Exil entstehende Judentum hielt eine rege Tieropferpraxis am Tempel von Jerusalem aufrecht. Und als dieser im Jahr 70 n. Chr. von den Römern zerstört wurde, verschwand der Gedanke des Opfers nicht einfach; vielmehr diskutierten die Rabbinen, was sinnvollerweise an die Stelle der Opfer treten sollte: das Achtzehnbittengebet, die Erfüllung der Gebote oder das Studium der Tora ...

Im Folgenden möchte ich das Augenmerk nur auf einen einzigen Aspekt lenken, nämlich darauf, wie die Tradition des Exodus mit ihrer »Neuprägung eines radikalen Gottesverständnisses« (Manfred Görg) einen bestimmten Opferdiskurs gegenüber anderen Diskursen (Ernährung der Götter,

Austausch von Gaben, Bußleistungen, Beschwichtigungen göttlichen Zorns usw.) ins Spiel gebracht hat. Denn tatsächlich zeigte es sich, dass der Glaube an den Gott des Exodus und des Sinai-Bundes keineswegs mit jeder Form des Opferkults kompatibel war.

Wie der Philosoph Emmanuel Levinas (1906–1995) sagt, ist der Gott der Juden, wie »er« seit dem Babylonischen Exil immer mehr in den Mittelpunkt rückte, »nicht der Überlebende mythischer Götter« (25), der sich im Judentum nach dem Verblassen der übrigen altorientalischen Gottheiten einfach gehalten hätte. Er steht vielmehr in entschiedenem Kontrast zu jenen mythischen Vorstellungen, die mit der Gewalt des Numinosen, des Heiligen, mit Erfahrungen der Ekstase über die Menschen kommen. »Diese in gewisser Weise sakramentale Macht des Göttlichen erscheint dem Judentum als Anschlag auf die menschliche Freiheit« (ebd.), schreibt Levinas und sieht in ihrer Abwehr einen wesentlichen Charakterzug des Judentums bis in unsere Gegenwart:

> Das Judentum hat die Welt entzaubert, hat sich von dieser angeblichen Entwicklung der Religionen aus dem Enthusiasmus und dem Heiligen abgehoben. Dem Judentum steht jede offensive Rückkehr dieser Formen menschlicher Erfahrung fern. Es sieht in ihnen das Wesen des Götzendienstes. (ebd.)

An der Transformation der Opferdiskurse lässt sich das deutlich erkennen. So wendet sich etwa Psalm 50, der wahrscheinlich zur Liturgie des Laubhüttenfests und seiner Erinnerung an den Auszug aus Ägypten gehörte, gegen die mythische Idee, das Opfern von Fleisch, Brot, Früchten und Getränken sei notwendig, um die Götter mit ausreichend Nahrung zu versorgen und sich auf diese Weise ihres Wohlwollens zu versichern. Solches glaubte man wohl noch in der benachbarten babylonischen Religion, und auch in früheren Zeiten in der Geschichte Israels mag dies eine Rolle gespielt haben. Dagegen lässt nun Psalm 50 Gott sagen, dass niemand ihm etwas schenken könne, weil ohnehin die Erde und alles, was in ihr ist, ihm gehöre: »Hätte ich Hunger, ich brauchte es dir nicht zu sagen, denn mein ist die Welt und was sie erfüllt« (Ps 50,12). Stattdessen favorisiert der Psalm das *Dank*opfer:

> Bring Gott als Opfer deinen Dank und erfülle dem Höchsten deine Gelübde! Rufe mich an am Tag der Not; dann rette ich dich und du wirst mich ehren.
> (Ps 50,14–15)

Nach den Ausführungen im vorangehenden Abschnitt dürfte erkennbar sein, dass hier der Gott des Exodus spricht: der Gott, der aus der Not rettet und nicht Wohlverhalten und Opfergaben verlangt, um aktiv zu werden, sondern allein auf den Dank und die Bundestreue der Menschen hofft. Gott will keine Nahrungslieferungen, sondern die dankbare Bindung seiner Menschen an ihn, den Befreier aus der Knechtschaft.

Damit ist aber kein bloß innerlicher Dank gemeint. Rituale sind keineswegs überflüssig. Im Buch Exodus, in einer Anweisung für die Abhaltung von Opfern in Israel, lässt sich der entsprechende Diskurs gut erkennen, auch wenn die Passage zunächst anmutet wie eine rein auf die kultische Praxis zielende Vorschrift:

> Du sollst mir einen Altar aus Erde errichten und darauf deine Schafe, Ziegen und Rinder als Brandopfer und Heilsopfer schlachten. An jedem Ort, an dem ich meinem Namen ein Gedächtnis stifte, will ich zu dir kommen und dich segnen. (Ex 20,24)

Diese Worte enthalten zunächst die Aussage, »dass das Kommen Gottes nicht auf eine mythische Vergangenheit begrenzt ist, so wie sie etwa in den ersten Kapiteln der Genesis geschildert wird«, sondern »dass Gott jedes Mal und immer kommt, wenn und wo ein Opfer ihm dargebracht wird« (A. Marx, 132). Die Opferhandlung ist demnach ein Akt der Besinnung auf Gott, ein Akt der »Hinanhebung alles Irdischen zu Gott« (221), wie Samson Raphael Hirsch im 19. Jahrhundert formulierte, und dieser Akt veranlasst Gott dazu, zu seinen Leuten zu kommen.

Zugleich macht der Text klar, dass es nicht das Ritual des Opfers ist, das diesen Gott sozusagen herbeizwingt, sondern dass es Gottes freier Wille ist, zu denen zu kommen, die sich seiner im Rahmen eines feierlichen Opfers erinnern. Dieser Gott folgt keinen Beschwörungen, und er lässt sich nicht kaufen. Dass ihm geopfert wird, hat sogar eine völlig entgegengesetzte Bedeutung. Weder *braucht* Gott ein solches Opfer, noch ist hier zu erkennen, dass die Menschen etwa ein Tier brauchen, das sie anstelle eines Menschen schlachten können, um untereinander Frieden zu halten.

Die in diesem Text erwähnten Tiere weisen auf etwas anderes hin: »Die Tiere, die Gott als Opfer dargebracht werden – Schafe, Ziegen, Rinder –, sind einfach die Haupterzeugnisse der Viehzucht, die bei solch außergewöhnlichen Gelegenheiten wie Festen [...] oder dem Kommen eines Gastes [...] geschlachtet und für ein Festmahl zubereitet werden« (Marx, 134). Mit anderen Worten: Die Opferfeier, die nach diesem Diskurs in Israel maßgeblich sein soll, hat die Form eines Gastmahls. Das Fleisch wird Gott nicht im rohen Zustand vorgelegt; das Opfertier wird vielmehr gehäutet, zerlegt und gesalzen: Es wird zubereitet. Das Opfer ist keine Unterwerfung unter einen fordernden Gott, sondern beabsichtigt, »Gott einzuladen und damit ihn zu ehren« (ebd., 135). Und Gott kommt als Bundesgenosse, als Freund, um seine Menschen zu segnen, nicht als höhere Macht, die gnädig gestimmt werden müsste. Zielpunkt des Opfers ist der Segen Gottes, aber Gott schenkt ihn aus freiem Willen.

So zeigt sich in diesem Diskurs gerade jene Haltung gegenüber Gott, die sich im Exodus-Narrativ manifestiert hat. Umgekehrt betrachtet: Hätten die (vor-)israelitischen Zwangsarbeiter in Ägypten mit Opfergaben und Bettelei von Gott die Gnade erwirkt, sie in die Freiheit zu führen, wären sie vielleicht aus Ägypten herausgekommen, aber niemals frei geworden. Sie wären auf immer Sklaven Gottes geblieben, immer in seiner Schuld, immer kniefällig, immer die nächste Gnade erflehend. Das aber war nicht der Wille des Gottes des Exodus.

So führt also der Exodus-Diskurs dazu, auch die Opferpraxis in Israel in ein neues Licht zu tauchen: Die Opfer, die es im Judentum weiterhin geben würde, sollten nicht mehr verstanden werden als Nahrungsgabe für Gott, als Sühnopfer oder als Versuch, Gott zu gewünschten Handlungen zu bewegen; vielmehr sollte das Opfer eine Dankfeier sein, eine rituelle Bewusstmachung dessen, was man Gott verdankt: die Freiheit. *Als Freie*, als Bundesgenossen JHWHs, sollten die Juden ihre Opferfeiern halten.

Jesus stellte sich allem Anschein nach ebenfalls in diese Tradition. Einen Aussätzigen, den er geheilt hatte, erinnerte er laut Matthäusevangelium umgehend daran, dafür sogleich das von Mose vorgeschriebene Dankopfer darzubringen (Mt 8,4).

Demgegenüber zielt eine einflussreiche christliche Deutung des Todes Jesu darauf, dass Christus erschienen sei, »durch sein eigenes Opfer die Sünde aufzuheben« (Hebr 9,26), dass nur der Tod des sündlosen Gottessohnes imstande war, von Gott wegen der Sünden der Menschen Vergebung zu erwirken (vgl. Anselm von Canterbury, *Cur deus homo*), dass also der Tod Jesu als stellvertretendes Sühnegeschehen um der Versöhnung zwischen Gott und Menschen willen notwendig war. Auf dieser Linie fasst eine Spielart der Opfertheologie im Christentum Fuß, gegen die die Exodus-Theologie opponiert hatte.

Nach der Einschätzung der Neutestamentlerin Elisabeth Schüssler Fiorenza taucht diese Traditionslinie im Neuen Testament erst spät auf:

> Während die ältesten Jesusüberlieferungen jede kultische Deutung von Amt und Tod Jesu als Sühnopfer für Sünden vermeiden, hat in einigen Texten der frühchristlichen Bewegung gerade diese Interpretation Wurzeln geschlagen. Doch die Interpretation von Jesu Tod als Sühne für Sünden ist viel jünger, als in der neutestamentlichen Forschung im allgemeinen angenommen wird. Im Begriff Sühnopfer kommen nicht Gottesverständnis und Gotteserfahrung der Jesusbewegung zum Ausdruck, sondern er ist eine spätere kultische Interpretation des gewaltsamen Todes Jesu. »Der« Gott Jesu ist kein Gott, »der« Sühne verlangt oder »dessen« Zorn durch Menschenopfer oder Ritual besänftigt werden muss. (176)

Wenn diese Beobachtung stimmt, ist damit Gravierendes festgestellt. Dann hat nicht nur das Sühnopfer das Dankopfer der Exodus-Tradition überlagert, sondern es trat auch eine andere Gottesvorstellung an die Stelle derjenigen vom Gott des Exodus.

Im Judentum sind bedeutende Denker indessen andere Wege gegangen. Manche folgten dem besonderen Opferdiskurs des Exodus und sahen im täglichen Beten des Achtzehnbittengebets eine adäquate Form des geforderten Dankopfers. Andere sahen in der Exodus-Tradition vor allem die Kritik an diversen anderen Formen des Opfers und gelangten so zur grundsätzlichen Infragestellung des Opfergedankens. Der liberale deutsche Rabbiner Leo Baeck (1873–1956) beispielsweise feiert – in einer Antwort auf Harnacks *Das Wesen des Christentums* – das Ende der Opfer im Jerusalemer Tempel sogar als einen Durchbruch zu einer Gottesbeziehung, die keinen Mittler (wie im Christentum) braucht, sondern persönliche Umkehr:

> Solange der *Opferdienst* innerhalb des Judentums bestand, oder wenigstens so weit er seine gläubige Anerkennung fand, hatte die klare Bestimmtheit der Versöhnungsidee allerdings eine gewisse Schranke. Als gottesdienstliches Element der Sühne schob sich das Sühnopfer, wie ein Mittler – der spätere Mittlerglaube knüpft darum an das Sühnopfer auch an – zwischen den Menschen und Gott. Es sollte eine Brücke sein zu dem versöhnenden Gotte hin, aber es trat damit doch *zwischen* den Menschen und seinen Gott. [...] Aber von da an, wo die Idee der Versöhnung zu ihrer Bestimmtheit durchgedrungen war – und es ist kein Zufall, daß das in einer opferlosen Zeit geschah – hatte sich das Sühnopfer, und damit der ganze Opferdienst, überlebt. (184 f.)

Die beiden recht gegensätzlichen Diskursverläufe sollen nicht als »richtige« und »falsche« Interpretationen der Bibel verstanden werden. Beide können sich auf biblische Wurzeln berufen. Wichtig ist auch hier der Gedanke, dass Diskurse die Wirklichkeit herstellen, von der sie sprechen. Während die Exodus-Traditionen letztlich auf eine »Religion für Erwachsene« (Emmanuel Levinas) hinauslaufen, befestigen die Sühnopfer-Traditionen eher eine »Untertanenreligion«. Sicher lassen sich beide Typen von Religion in Judentum wie Christentum gleichermaßen finden, und natürlich gibt es zwischen diesen einander gegenüberstehenden Polen auch alle denkbaren Schattierungen.

Für das Christentum und seine Erzählbarkeit könnte es indessen aufschlussreich sein, Jesus besser aus der Entwicklung jener Diskurse verstehen zu lernen, aus denen er lebte, anstatt von dogmatischen Vorgaben her, die (mit eigenem Recht) die Diskurse späterer Zeiten widerspiegeln.

Der Blick auf die konkurrierenden Diskurse könnte dabei durchaus zu Entdeckungen jenseits alter Frontstellungen führen und – wer weiß – selbst den christlichen Gottesdienst etwas mehr zu einem Gastmahl freier Menschen machen, zu dem Gott freudig als Freund hinzukommt. Die Exodus-Diskurse jedenfalls trauen es den Menschen – auch in schwierigen, ungerechten Verhältnissen – zu, mit ihrem Gott als Freie zu leben.

Messias

Ob Jesus von Nazaret sich selbst als Messias verstand oder nicht, wird von Bibelwissenschaftlern seit geraumer Zeit kontrovers diskutiert. Leitend ist dabei weiterhin die Frage nach der faktischen Wirklichkeit *hinter* den Texten. Anstatt sich in fruchtlosen Spekulationen darüber zu verlieren, finde ich es interessanter zu erkunden, was Jesu Anhänger *zum Ausdruck brachten*, wenn sie ihn Messias nannten: Auf welche Traditionen nahmen sie Bezug und wie positionierten sie sich damit in ihrer eigenen Zeit? Oder anders gefragt: Welchem messianischen Diskurs folgten sie, dass sie in Jesus den Messias sehen konnten?

Natürlich betrachteten die Anhänger Jesu ihre Zeit nicht mit der Brille des Neuen Testaments, das erst viele Jahrzehnte nach Jesu Kreuzigung zusammengestellt wurde, sondern im Referenz- und Anspielungsraum der Heiligen Schriften Israels (im »Wahrheitsraum« des Alten Testaments, wie Frank Crüsemann sagt). Alle zentralen Motive, mit denen die Gestalt und das Wirken Jesu gedeutet werden konnten, stammten aus diesen Schriften, allen voran die Begriffe des Messias, des Sohnes Gottes und des Menschensohns. Diese waren im jüdischen Bewusstsein präsent, sie dienten dem Verstehen der eigenen Erfahrungen und kanalisierten die Zukunftserwartungen. Von ihnen her wurden dann auch die Erlebnisse mit Jesus von Nazaret gedeutet – »vom allerersten Augenblick der Jesusbewegung an« (Boyarin, *Die jüdischen Evangelien*, 30). Die Blicke gingen also von den Schriften Israels hin zu Jesus, nicht umgekehrt.

Die Messiaserwartung reicht weit in die Geschichte Israels zurück. Anfangs ist der Titel des »Gesalbten JHWHs« ein Ausdruck der Königswürde, der von der Salbung der Hände des Königs herrührte, einem kultischen Rechtsakt, der die Übertragung der Kraft Gottes an ihn symbolisierte. So findet die aramäische Wortbildung *Maschiach* häufig in königsfreundlichen Psalmen Verwendung (vgl. etwa Ps 2, 18, 20, 89 und 132). Alsbald zeigt sich jedoch, dass nicht jeder König des Titels »Gesalbter JHWHs« würdig erscheint. In der Folge tauchen neue Töne in den Texten auf, wie der Alttestamentler Manfred Görg feststellt: »Man sieht die Könige in ihrer Repräsentanz und muß sie offiziell als Gesalbte ansprechen, aber man stellt sogleich fest, daß sie den hochgestellten Ansprüchen nicht genügen« (*In Abrahams Schoß*, 122).

In dieser Erfahrung der Diskrepanz zwischen Messiastitel und Person, zwischen Ideal und Machtstreben dürfte der Geburtsort des Messianismus als Utopie zu suchen sein. Diese Utopie setzt den real existierenden Königen ein Idealbild entgegen: eine herrschaftliche Gestalt, die Macht und Weisheit miteinander in Einklang bringt, sich durch Gerechtigkeit vor Gott auszeichnet und sich allen selbstsüchtigen Machtgebarens enthält. In der Folge wird aus dem *Maschiach* ein Symbol

Die Diskurse der Narrative

der Hoffnung, anhand deren das Ungenügen der wirklichen Herrscher kritisiert und die Erwartung einer besseren Zukunft formuliert werden kann. Dabei wird dieser Anspruch so weit gefasst, dass selbst der Perserkönig Kyrus für eine gewisse Zeit als einer der Messiasse Gottes fungieren kann.

In der Zeit nach dem Babylonischen Exil geht der Messiastitel vom König auf den Hohenpriester Israels über. Nach dem Verlust der staatlichen Eigenständigkeit verfolgen priesterliche Kreise damit die Absicht, dem Kult im sich formierenden Judentum einen theokratischen Anstrich zu geben, wonach der oberste Kultdiener als *hakkohen hammaschiach* die Nähe Gottes auch in seiner Person deutlich macht. Der Hohepriester tritt mit dem Anspruch auf, glaubwürdiger von der Gegenwart Gottes sprechen zu können als die königlichen Machthaber der vorexilischen Jahrhunderte.

Da aber auch die Hohenpriester manche menschlichen Unzulänglichkeiten erkennen lassen, wird von Neuem die Erwartung wach, »es möchte doch jemand kommen, der wirklich glaubwürdig den Titel des Gesalbten verdient und der im Gesalbtsein seine besondere Beauftragung durch JHWH bezeugt, der für Israel zugleich eine Friedensperiode einleitet« (Görg, *In Abrahams Schoß*, 125).

Bei alledem ist der Messiastitel untrennbar mit der Bezeichnung »Sohn Gottes« verbunden. Psalm 2 etwa spricht vom gesalbten König und bedient sich ägyptischer Phraseologie, wenn er ihn zugleich als einen »Sohn« Gottes auftreten lässt, auf dem die göttliche Gnade ruht und der die Feinde zu bezwingen imstande ist. Angesichts dessen hält Manfred Görg die Versuche mancher Dogmatiker, einen grundlegenden Unterschied zwischen dem Sohn Gottes und dem Messias zu behaupten, für »ganz hilflos und irreführend«: »Es lässt sich keine Ablösung der Sohn-Gottes-Idee von der Messias-Konzeption konstruieren, wenn man nicht biblischen und außerbiblischen Befunden widerstreiten will« (ebd., 126).

Immer deutlicher wird im Diskursverlauf, dass die ersehnte Heilszeit kaum noch von einem irdischen Potentaten in Messiasfunktion ins Werk gesetzt werden kann, sondern dass es dabei um eine grundlegende Umgestaltung der Welt gehen muss, um eine Neuschöpfung, in der schließlich der Wolf beim Lamm wohnen wird (Jes 11,6), welche nur zuwege gebracht werden kann von einem ganz anders zu denkenden Messias: von einem gerechten Friedenskönig, der mächtig, aber frei von allem Machtgebaren auf einem Eselsfohlen in Jerusalem einreitet (Sach 9,9). »Er muss«, so Görg, »von Gott mit Macht ausgestattet sein, wenn er auch äußerlich mit der Niedrigkeit verbunden ist. Er zielt hinein in die Gemeinde der Demütigen, das sind im Alten und im Neuen Testament die sogenannten ›Armen‹ (hebr. *Anawim*), die dann in Mt 21 zu der Begleitung des einziehenden Jesus in Jerusalem gehören« (*In Abrahams Schoß*, 147).

So entwickelt sich ein messianischer Diskurs, dessen Bezugspunkt die Armen sind und der auf umfassende Gerechtigkeit ausgerichtet ist, mit universalem, die ganze Welt verändernden, apokalyptischem Anspruch.

Mit Blick auf die frühe Gemeinschaft der Jesus-Anhänger ist schon nach dieser knappen Auswahl alttestamentlicher Motive mit Händen zu greifen, wie tief und weitgehend Jesus von seinen Zeitgenossen im Horizont messianischer Erwartungen gesehen und gedeutet wird. Ihr Leben unter der römischen Besatzung vibriert vor messianischer Erwartung, was sich auch Jahrzehnte später noch in den Evangelientexten spiegelt. Zahlreiche Fragen zielen präzise auf die alttestamentlichen messianischen Prädikate: »Bist du der, der kommen soll, oder müssen wir auf einen anderen warten?« (Mt 11,3), »Bist du der Messias, der Sohn Gottes?« (Mt 26,63), »Bist du der König der Juden?« (Mk 15,2), »Du bist also der Sohn Gottes« (Lk 22,70), »Wenn du der Messias bist, sag es uns offen!« (Joh 10,24) u. v. m.

Die Diskurse der Narrative

Der Messiasdiskurs bringt also entschieden diesseitsorientierte Hoffnungen auf mehr Gerechtigkeit zum Ausdruck. Das schließt nicht aus, dass der erwartete Messias mehr ist als ein gewöhnlicher Mensch und dass die erhoffte Gerechtigkeit die umfassendere Dimension einer Neuerschaffung der Welt annimmt, aber sie hat nichts mit Sündenvergebung und der Erlangung jenseitigen Heils zu tun (die auf ganz anderen diskursiven Wegen thematisiert werden).

Die Anhänger von Jesus, die in ihm, begeistert von seinem Auftreten, den Messias und den Sohn Gottes sehen, erwarten von ihm also mehr Gerechtigkeit und Frieden auf der Welt als von irdischen Herrschern oder Priestern – insbesondere für die Armen, chronisch Kranken, Behinderten und Ausgestoßenen. Manche wenden sich nach einiger Zeit von ihm ab, als sich ihre Hoffnungen nicht im erwarteten Ausmaß erfüllen; andere halten weiter zu ihm und glauben, dass *in Jesus* die ersehnte messianische Zeit der Gerechtigkeit endlich begonnen hat – wenn sie auch noch keineswegs vollendet ist.

Und Jesus selbst? Er zeigt sich ebenfalls stark von frühjüdisch-apokalyptischen Erwartungen getragen, aber beansprucht keineswegs, alle messianischen Hoffnungen in seiner Person zu erfüllen. Als Fürsprecher der Armen, der *Anawim*, versteht er sich ausdrücklich »nur zu den verlorenen Schafen des Hauses Israel gesandt« (Mt 15,24). Doch er teilt die Erwartungen auf eine bevorstehende große Umwälzung von Gott her, auf ein weltveränderndes Kommen des *Menschensohnes* (wobei unentscheidbar bleibt, ob er sich mit diesem identifiziert oder nicht).

Mit Blick auf die biblisch genährten Hoffnungen spricht man also mit Recht von einem »Verheißungsüberschuss«, von dem nötigen Eingeständnis, »dass es auch *post Christum* eine schmerzliche ›Erfüllungslücke‹ gibt« (Petzel, 197). Darum stehen die neutestamentlichen Texte insgesamt unter der gespannten Erwartung der Wiederkehr Christi bzw. des Kommens des Menschensohnes und der Verwirklichung der noch ausstehenden Gerechtigkeit.

Demgegenüber wird jeder theologische Versuch, in Jesus bereits die Erfüllung und Vollendung aller messianischen Hoffnungen zu sehen, zum Verrat gerade an dieser grundlegenden Spannung. Solche Theologie verkommt zu einer Art »Erfüllungsfetischismus« (Görg, *In Abrahams Schoß*, 142), der die biblische Hoffnung auf die Wiederkehr Jesu nicht wirklich ernst nimmt oder nur in der Lage ist, sie triumphalistisch zu deuten: als eine Art Bestätigung für die »Richtigkeit« des christlichen Glaubens – gegenüber dem jüdischen Beharren auf einer umfassend gerechteren Welt.

Die biblischen Messiasdiskurse indessen rechnen keineswegs mit dem einen und einzigen Erfüller der messianischen Hoffnungen, sondern gehen grundsätzlich von einer Mehrzahl messianischer Gestalten aus. Das spricht den frühen Anhängern Jesu nicht das Recht ab, in ihm einen Messias und Sohn Gottes zu sehen; aber mit Sicherheit nehmen sie Jesus nicht so wahr, wie es die spätere christliche Theologie tut. Denn wenn diese (wie im Kapitel 4 an einigen Beispielen zu sehen ist) vom »Sohn Gottes« spricht, versteht sie darunter grundsätzlich einen, der über das Judentum hinausgeht oder sich im Gegensatz dazu befindet.

Auch hier stoßen wir also wieder auf eine Weggabelung zwischen der messianischen Ausrichtung auf irdische Gerechtigkeit, wie sie die Anhänger Jesu zu seinen Lebzeiten noch inspirierte, und dem späteren, anders gelagerten Erfüllungsdiskurs. Während Jesus sich nirgendwo selbst verkündet, sondern hinter der Erwartung eines messianischen Reichs der Gerechtigkeit ganz zurücktritt und Verehrung zurückweist – »*Was nennst du mich gut? Niemand ist gut außer der eine Gott*« (Mk 10,18) –, spricht die christliche Verkündigung zunehmend von der Erfüllung des göttlichen Heilsplans durch den hoheitlichen Gottessohn, der mit dem biblisch verstandenen Sohn Gottes nur noch wenig gemein hat.

Und während das Christentum infolgedessen vom »Christusereignis« als der »Mitte der Zeit« spricht, nach der nichts Wesentliches mehr geschehen kann und demgegenüber nur noch Glaube und Gehorsam am Platze sind, erhält das Judentum die gespannte Erwartung aufrecht, wie der Religionsphilosoph Hermann Cohen (1842–1918) staunend feststellt: »Alle Völker verlegen das goldene Zeitalter in die Vergangenheit, in die Urzeit; das jüdische Volk allein erhofft die Entwicklung der Menschheit von der Zukunft« (356).

Der Gang über den See

Jesus, der über den See Gennesaret geht: Das dürfte, neben den Darstellungen des Gekreuzigten, das verbreitetste Bild Jesu überhaupt sein. Wer gar nichts über Jesus weiß, weiß wenigstens noch das: Der konnte auf dem Wasser gehen. Gegenwärtigen Christen, die sich für aufgeklärt halten, ist diese Geschichte eher peinlich – wie auch die übrigen Wundererzählungen, die den meisten Menschen heute wenig sagen und die die gesamte christliche Botschaft in ein Licht der Unglaubwürdigkeit zu rücken drohen.

Tatsächlich gerät man mit den Narrativen aus dem Bereich der Wunder auf ein Gebiet, das modernen Menschen fremd und irritierend erscheint. Man glaubt sich hier den biblischen Texten an kritischem Bewusstsein überlegen und sondert die entsprechenden Erzählungen als »zeitbedingte« Ausdrucksformen »mythischen Denkens« aus. Oder man interpretiert sie à la Bultmann »existential«, im Raster weniger »Existentialien« von zeitenübergreifender allgemeinmenschlicher Gültigkeit.

Der irisch-amerikanische Neutestamentler John Dominic Crossan betont demgegenüber, dass es sich mit dem kritischen Bewusstsein genau umgekehrt verhalte: »Es war *nicht* so, dass die Menschen der Antike ihre Geschichten wörtlich nahmen und wir heute klug genug sind, sie symbolisch zu verstehen, sondern vielmehr, dass sie sie damals symbolisch meinten und wir heute so dumm sind, sie wörtlich zu nehmen. Sie wussten, was sie taten; wir wissen es nicht« (79).

Das mag etwas flapsig formuliert sein, aber es führt zu der Frage, was die Erzähler der Geschichte von Jesu Gang über den See denn ausdrücken wollten. Meinten sie es tatsächlich nur »symbolisch«? Besser gefragt: Worin bestand ihr Diskurs?

Um hier mehr Klarheit zu gewinnen, legt sich zunächst ein Blick auf den historischen Kontext nahe. Seit den Eroberungen Alexanders des Großen im vierten Jahrhundert v. Chr. wurde begonnen, die kleinräumigen Ökonomien der Region zu einem gemeinsamen Markt zu vereinigen, was einerseits die intensivsten Entwicklungen in Handel, Landwirtschaft und Städtebau hervorrief, die es bis dahin gegeben hatte, und andererseits – neben hohen Tributzahlungen an die Eroberer – zu verschärftem Konkurrenzdruck durch überregional agierende Großhändler führte, dem Kleinbauern und Handwerker oft nicht standhalten konnten. Es kam zu massenhafter Verschuldung, Landverlust, Schuldsklaverei, Tagelöhnertum im Dienste von Großgrundbesitzern usw.

Diese wirtschaftlichen Umwälzungen setzten sich – vereinfacht gesagt – auch unter Ptolemäern und Seleukiden und schließlich unter den Römern fort. Politisch verschärften sich die Spannungen zwischen Herrschern und Beherrschten sogar noch, da »die jüdische Religion von allem Anfang an ein zutiefst politisches Phänomen war« und »die römische Herrschaftspolitik trotz gewährter Religionsfreiheit gerade diesen politischen Charakter der jüdischen Religion infrage stellte« (Baltrusch, 157).

Die Diskurse der Narrative

So hatten die kleinen Leute im ersten Jahrhundert mit wirtschaftlich schwierigen Verhältnissen zu kämpfen; sie waren konfrontiert mit Besatzungssoldaten überall im Land, die einen jederzeit zwingen konnten, für sie eine Meile weit Lasten zu transportieren; sie diskutierten darüber, ob man den Besatzern die Kopfsteuer (*tributum capitis*) bezahlen sollte, und so weiter. Liest man die Evangelien mit dem Wissen um diesen Hintergrund, kann man staunen, wie viel sie von Gewalterfahrungen, Hunger und Verelendung zu erzählen haben.

Zugleich sollte man sich nicht vorstellen, es zu dieser Zeit noch mit einer intakten jüdischen Welt zu tun zu haben. Nach Jahrhunderten der Besatzungsherrschaft durch andere Völker war die Region multinational und multikulturell geworden, besiedelt von Zuwanderern aus dem ganzen Mittelmeerraum. Viele hielten sich nicht mehr ausschließlich an die angestammten Kulte ihrer Völker, sondern lebten zunehmend in einem Synkretismus aus griechischer, römischer, jüdischer, kleinasiatischer und ägyptischer Religion. Die Kulte brachten weniger Halt und Identität als vielmehr Unsicherheit und Unruhe. Woran konnte man sich orientieren? Sollte man, durfte man als Jude auch griechische oder römische Götter ehren, um sich ihres Schutzes zu versichern? (Viele taten es.) Oder war das Verrat? Der irische Altphilologe Eric R. Dodds spricht von einem »Zeitalter der Angst«.

Umso bedeutsamer sind die Bemühungen etwa der Pharisäer und der Jesus-Anhänger, sich ihrer jüdischen Traditionen zu vergewissern. Jesus steht hier nach Auskunft der Evangelien für eine entschiedene Orientierung an der Tora. Sichtbaren Niederschlag findet das auch – wenn auch nicht auf den ersten Blick – in der Erzählung von seinem Gang über den See Gennesaret:

Gleich darauf forderte er die Jünger auf, ins Boot zu steigen und an das andere Ufer vorauszufahren, bis er die Volksmenge verabschiedet hatte. Als er sie verabschiedet hatte, stieg er auf einen Berg, um für sich allein zu beten. Als es Abend wurde, war er dort ganz für sich. Das Boot aber war schon viele hundert Meter vom Land entfernt und wurde von den Wellen hin und her geworfen; denn der Wind war ungünstig. In der vierten Nachtwache kam Jesus zu ihnen; er ging über den See. Als ihn die Jünger über den See kommen sahen, erschraken sie, weil sie meinten, es sei ein Gespenst, und sie schrien vor Angst. Doch sogleich sprach Jesus zu ihnen: »Habt Vertrauen, ich bin es; habt keine Angst!« Petrus antwortete ihm: »Herr, wenn du es bist, dann sag mir, dass ich über das Wasser zu dir kommen soll.« Jesus sagte: »Komm!« Da stieg Petrus aus dem Boot und lief über das Wasser zu Jesus. Als er aber den heftigen Wind bemerkte, bekam er Angst und begann unterzugehen. Er schrie: »Herr, rette mich!« Jesus streckte sofort die Hand aus, ergriff ihn und sagte zu ihm: »Du Kleingläubiger, warum zweifelst du?« Als sie dann ins Boot stiegen, legte sich der Wind. Die im Boot aber fielen vor Jesus nieder und sagten: »Wahrhaftig, Gottes Sohn bist du!« (Matthäus 14,22–33)

Augenscheinlich geht es bei dieser Erzählung darum, Jesus als den Sohn Gottes herauszustellen. Anders aber, als viele christliche Leser meinen, ist der springende Punkt dabei *nicht*, dass Jesus besondere Kräfte hatte und die Naturgesetze außer Kraft setzen konnte. Das Gehen auf dem Wasser ist – weitab von physikalischen oder gar magischen Andeutungen – für Kenner des Tanach ein Kennzeichen der *Macht*: Auf dem Wasser gehen und die bedrohlichen Mächte des Chaos bezwingen, die mit dem Wasser in Verbindung gebracht werden, kann nur Gott oder ein Gottessohn.

So spricht etwa Psalm 77 Gott mit den Worten an: »Durch das Meer ging dein Weg, dein Pfad durch gewaltige Wasser« (V. 20), und Ijob lobt die Macht des Schöpfers der Welt, indem er sagt: »Er spannt allein den Himmel aus und schreitet einher auf den Höhen des Meeres« (Ijob 9,8). Wenn die Erzählung vom See Gennesaret, dem »Galiläischen Meer«, nun auch Jesus mit dieser Macht in Verbindung bringt, zielt sie auf dessen »göttliches Wesen« (Levine – Brettler, 28), wie es zu jener Zeit vom Messias und Sohn Gottes durchaus erwartet wurde. Im Mittelpunkt steht also eher er selbst als seine besonderen übernatürlichen Fähigkeiten – die hier auch noch recht bescheiden ausfallen, als wolle die Geschichte sie sogleich dementieren. Das zeigt sehr humorvoll die Bemerkung eines jungen Inders im Roman *Schiffbruch mit Tiger* von Yann Martel:

> Dieser Sohn hingegen, der Hunger und Durst leidet, der müde und traurig wird, der kleinlaut ist, sich hänseln und herumschubsen lässt, der sich mit Anhängern umgibt, die von nichts eine Ahnung haben, unter Gegnern, die keine Achtung vor Ihm kennen – was ist denn das für ein Gott? Das ist ein Gott, der zu menschlich geworden ist. Sicher, es gibt Wunder, meist im medizinischen Bereich, ein paar für das hungernde Volk; wenn es hochkommt, beschwichtigt Er einen Sturm oder geht ein paar Schritte übers Wasser. Das ist Magie in jämmerlichem Maßstab, kaum besser als ein Kartentrick. Jeder Hindugott kann das hundertmal besser. (78)

Was also will die Geschichte, wenn es – ganz offensichtlich – nicht um spektakuläre Wundertaten geht? Der Blick auf den Apostel Petrus, der im zweiten Teil der Erzählung in Erscheinung tritt, kann weiterhelfen: Mit einem aufmunternden »Komm!« fordert Jesus ihn auf, sich ebenfalls aufs Wasser zu begeben. So dreht sich mit einem Mal die ganze Geschichte: Sie handelt nicht mehr von Jesu göttlichen Privilegien, sondern von der möglichen menschlichen Teilhabe an der Bezwingung der Chaosmächte, für die das Wasser literarisch steht.

Zeitgenössische Leser dürfte das an weitere Passagen im Tanach erinnert haben, die von Gottes Einwirken auf bedrohliche Gewässer erzählten, auch wenn es nicht unmittelbar um ein *Gehen* auf dem Wasser ging. Bei Jesaja etwa ist die Rede von Gott, »der einen Weg durchs Meer bahnt, einen Pfad durch gewaltige Wasser« (Jes 43,16). Und das wiederum ist natürlich eine Erinnerung an den Exodus:

> Mose streckte seine Hand über das Meer aus, und JHWH trieb die ganze Nacht das Meer durch einen starken Ostwind zurück. Er ließ das Meer austrocknen, und das Wasser teilte sich. Die Israeliten zogen auf trockenem Boden durch das Meer, während rechts und links von ihnen das Wasser wie eine Mauer stand.
> (Ex 14,21–22)

In dieser Erzählung geht es ja eindeutig nicht um eine allgemeine Machtdemonstration Gottes ohne konkreten Zweck, sondern um die Befreiung der Israeliten. Gott setzt seine Macht ein, um sie in die Freiheit zu bringen. Die Israeliten sollen von Gottes Macht einen Nutzen haben, nicht bloß vor ihr erschauern. Und dazu müssen sie selbst den Schritt ins Meer tun – wie es später auch Petrus tun soll.

Das ist der entscheidende Punkt: die Überwindung der eigenen Ohnmacht durch die Partizipation an der Macht Gottes, durch die aktive Teilnahme an seiner Befreiungstat. Blickt man auf die Schlüsselbegriffe der Erzählung vom See Gennesaret, fällt ins Auge, dass es sich dabei keineswegs um eine ländlich-bukolische Szene handelt: Neben den Chiffren für Not und Bedrohung – Nacht, See und Sturm – ist *Angst* der zentrale Begriff. Und das ist nicht allein existenziell-privat und unpolitisch gemeint. Darin drückt sich der bereits skizzierte Kontext aus, das »Zeitalter der Angst«, der wirtschaftlichen und politischen Unsicherheit.

Der Aufruf Jesu, keine Angst zu haben und sich aufs Wasser zu trauen, ist also keine Aufforderung, etwas eigentlich Unmögliches zu tun und damit »Glaubensgehorsam« zu demonstrieren, wie manche Kommentatoren meinen. Vielmehr geht es um die Überwindung der Ohnmachtsgefühle in einer politisch beängstigenden Situation durch das Sich-Anschließen an den Gott des Exodus und seine Macht. Damit erst wird der Diskurs in seinem ganzen Horizont sichtbar: Er zeigt eine (Glaubens-)Wirklichkeit, in der es möglich ist, im Bunde mit Gott etwas angeblich Unmögliches zu erreichen: nämlich aus den Angst- und Ohnmachtsdiskursen auszubrechen und die eigene Macht zu erfahren.

So reagiert dieser Diskurs auf den bedrückenden Kontext und wirkt mit der Ermutigung zum Wagnis »mit Gott im Rücken« auf den Kontext zurück. Man kann kaum sagen, dass dies »nur« ein Diskurs sei – es ist vielmehr ein Zeugnis von einer anderen Wirklichkeit: der Wirklichkeit Gottes (an die man selbstverständlich weiterhin *glauben* muss, wenn sie *wirken* soll).

Traditionelle Ausleger reden hier indessen davon, dass man »auf den Herrn schauen« müsse, wenn man ihm auf dem Wasser entgegengehen wolle. Aber davon ist im Text kein Wort zu finden. Petrus soll vielmehr Vertrauen haben, sich etwas trauen – und nicht nur Gott bzw. Jesus als mächtig betrachten. Probleme bekommt er erst, als er den starken Wind bemerkt und sich fürchtet. Er beginnt unterzugehen –

nicht, weil er Jesus aus den Augen verloren hat, sondern weil er sich von seiner Angst einholen ließ.

Das ist keine Geschichte von der nötigen Fixierung auf den »Herrn«, es ist vielmehr eine Geschichte vom Vertrauen – auf Gott, auf die Sache der Gerechtigkeit, auf sich selbst. Eine Geschichte von der nötigen Überwindung der Angst. Und damit geht sie wesentlich tiefer als all die Meditationen über Jesu spezielle Privileg-Macht, die einem in zahlreichen Bibelkommentaren zu dieser Erzählung begegnen.

Tatsächlich gelangt man mit dieser Leseweise von den Exodus-Diskursen her näher an die Fragen, mit denen sich die Menschen im Judentum des ersten Jahrhunderts leidenschaftlich auseinandersetzten und die bei der Entstehung der frühchristlichen Bewegung eine wesentliche Rolle spielten: wie nämlich zu leben sei in der Zeit der römischen Kolonialherrschaft, mit den täglichen Ohnmachtserfahrungen, mit dem Hunger, mit Militärgewalt und willkürlichen Hinrichtungen, und wie gemäß der Tora zu leben sei unter diesen Bedingungen, wie der Wille Gottes zu erfüllen sei.

Jesus tritt innerhalb dieser Auseinandersetzungen nach dem Zeugnis der Evangelien entschieden dafür ein, sich auch in den schwierigsten Situationen auf keinen Fall irgendwelchen Ohnmachtsgefühlen hinzugeben: Das Reich Gottes, so verkündet er, sei schon angebrochen: das Reich, in dem die Letzten die Ersten sein würden und die nach Gerechtigkeit Hungernden satt werden sollten. Bei Jesus ist das eine apokalyptische Botschaft, aber nicht im Sinne eines Katastrophenszenarios; er versteht die Endzeit als Zeit der Befreiung, wie schon David Flusser gezeigt hat: »Er ist der einzige uns bekannte antike Jude, der nicht nur verkündet hat, daß man am Rand der Endzeit steht, sondern gleichzeitig, daß die neue Zeit des Heils schon begonnen hat« (96).

Und dabei geht es um Macht – einen der roten Fäden in den Evangelien. Um die Macht, übers Wasser zu gehen, Berge zu versetzen, Kranke zu heilen und Dämonen auszutreiben. Sie erlangt man, indem man an sie glaubt: an die Macht Gottes, welche Gerechtigkeit, Freiheit und Würde wirklich werden lässt. Die Macht des Satans und der Dämonen sei endgültig gebrochen, man muss nicht mehr vor ihnen zittern (wiewohl sie noch da sind), verkündet Jesus. Seinen Jüngerinnen und Jüngern sagt er an anderer Stelle:

> Ich sah den Satan vom Himmel fallen wie einen Blitz. Seht, ich habe euch Macht gegeben, zu treten auf Schlangen und Skorpione, und Macht über alle Gewalt des Feindes; und nichts wird euch schaden. (Lukas 10,18.19)

Dass Jesus hier vom Satan spricht, also »mythologisch« argumentiert, ist möglicherweise nicht bloß »zeitbedingt«, sondern präzise. Denn der Glaube an die Macht der herrschenden »Mächte und Gewalten« *ist* ja Mythologie. Und Jesus entmythisiert diese Mächte, indem er seine Leute an ihre eigene Macht erinnert – ihre Macht »über alle Gewalt des Feindes«.

Diskursanalytisch gesprochen stehen hier zwei Diskurse einander gegenüber. Der eine Diskurs sieht die Welt beherrscht von Mächtigen – Königen, Herrschern, »Blaublütigen« –, die die Macht sozusagen *von Natur aus* (oder von Gott verliehen) *für alle Ewigkeit* innehaben und gegen die die Ohnmächtigen nichts bewirken können. Der andere Diskurs – der Diskurs Jesu – behauptet, dass die Welt Gottes Welt ist, weshalb alles darauf ankommt, sich auf die Seite dieses Gottes der Gerechtigkeit zu stellen und an seiner Macht teilzuhaben.

Tatsächlich findet hier die Machtübertragung Jesu an die Jünger nicht auf magische Art statt, sondern auf dem Wege einer Änderung der Diskurse. Die alten mythischen Ohnmachtsdiskurse werden ersetzt durch den im Grunde antimythischen Diskurs vom Gott des Exodus. Wo dieser die

Wirklichkeitswahrnehmung bestimmt, geraten die Machtverhältnisse ins Fließen. Es wird sichtbar, dass Macht sich – unter bestimmten Umständen – zwar *ausüben*, aber von niemandem *besitzen* lässt. Macht kann so schnell verlorengehen, wie sie gewonnen wurde. Wenn man den vermeintlich Allmächtigen ihre Macht nicht mehr glaubt, entdecken die vermeintlich Ohnmächtigen ihre eigene Macht und werden handlungsfähig.

Auch in diesem Diskurs geht es also um den Glauben an Gott und an sich selbst – und das ist gar nicht nur »symbolisch«: Wo der Glaube an die eigene Ohnmacht abgelegt wird, hat erst die Stimme des Gottes vom Sinai eine Chance, gehört zu werden. Im Grunde ist die Stimme dieses Gottes identisch mit der Stimme Jesu auf dem See Gennesaret. Beide sagen: »Komm!«

Liest man die Geschichte ohne ihren alttestamentlichen Wahrheitsraum und ohne Hoffnung auf Besserung der bedrückenden wirtschaftlichen und politischen Verhältnisse der Zeit, ist es nicht schwer, auch hier den Inhalt mit der Form zu verwechseln. Die Form der Wundergeschichte, in die die emanzipatorische Botschaft gekleidet wurde, wird selbst zum Inhalt: »Glauben« soll man dann an die Fähigkeit Jesu, über Wasser zu gehen – nicht an die eigenen Fähigkeiten.

Im Rückblick auf die oben vorgestellten diskursanalytischen Skizzen will ich hier noch kurz der Frage nachgehen, in welchem Verhältnis die Diskursanalyse zu Exegese und Dogmatik steht und worin ihr Beitrag zur theologischen Diskussion denn nun bestehen könnte.

Einfach gesagt könnte ich mir vorstellen, dass die Diskursanalyse zu einer Art Gelenk zwischen Exegese und Dogmatik werden könnte. Sie will mit keinem der beiden Fächer konkurrieren und keines ersetzen. Mit beiden steht sie – eben wie ein Gelenk – in Verbindung und hat dabei eine eigene Aufgabe: nämlich Beweglichkeit herzustellen.

Sie greift in vielen Fällen auf Erkenntnisse der Exegese zurück und versucht, wie auch die Exegese, im Gefolge der Aufklärung konsequent geschichtlich zu denken und ihre Untersuchungsgegenstände in ihrem Entstehungsprozess zu betrachten. Sie fragt aber nicht nach Fakten, weil sie weiß, dass Diskurse keine Fakten referieren, sondern eine bestimmte Sicht der Wirklichkeit erzeugen. Entsprechend befragt sie auch – wo sie dazu imstande ist – unsere erkenntnisleitenden Fragen nach ihrem diskursiven, wiederum zeitbedingten Charakter. Insofern ist die Diskursanalyse radikalisiertes geschichtliches Denken.

Mit der Dogmatik verbindet sie, dass sie zu verstehen sucht, was sie in den biblischen Texten vorfindet. Da man nicht *nicht* interpretieren kann, ist auch ihr Geschäft das der Herausarbeitung von Bedeutungsgehalten. Während aber die Dogmatik dies im Rahmen kirchlicher Selbstverständigung und mit einem kollektiven Verbindlichkeitsanspruch tut, der in vielen Fällen an mühsam errungene Glaubensbekenntnisse und Definitionen anknüpft (was ihre Aufgabe und ihr Recht ist), ist die Diskursanalyse freier, beweglicher: Sie muss die biblischen Texte nicht auf ihre Bedeutung für den christlichen Glauben hin lesen, sondern kann auch die jüdischen und anderen Anteile an den Diskursen verfolgen; sie kann ohne Scheu der innergeschichtlichen Entstehung und Entwicklung der Diskurse nachgehen, ihre Verzweigungen beschreiben und die Wechselwirkungen mit den jeweiligen historischen Hintergründen untersuchen.

Das diachrone Vorgehen der Diskursanalyse – die Verfolgung von Diskursen über größere Zeiträume hinweg – mag für historisch-kritisch arbeitende Exegeten irritierend sein (und auch Foucault warf man immer wieder die »Vermischung der Epochen« vor), aber darin liegt einer ihrer wesentlichen Züge: Ein Diskurs, der in einem Text identifiziert wurde, kann auch in anderen Texten ausfindig gemacht und auf seine Transformationen im Verlauf der Geschichte befragt werden. Mit der wachsenden Menge an Vergleichsmaterial gewinnt die Analyse ein immer sichereres Gespür für den Kern der Diskurse und ihre Bandbreite an Variationen, für die »Dialektik desselben und des Anderen« (Foucault, zit. n. Ewald u. a., 18). Von biblischen Passagen ausgehend findet sie Andockstellen im Talmud oder bei Kirchenvätern und entdeckt den gleichen Diskurs modifiziert noch in Texten der Aufklärung oder der Philosophie und Theologie der Gegenwart.

Was aber an den Diskursen objektiv »wahr« oder »falsch« ist, ist keine Frage der Diskursanalyse. Sie zeichnet nur nach, wie Diskurse eine bestimmte Sicht der Wirklichkeit *her*stellen und welche Handlungsmöglichkeiten sich daraus ergeben. Die Frage danach, ob ein Diskurs die Wirklichkeit richtig oder falsch *dar*stellt, ist darum sinnlos. Es gibt keinen Blick »hinter« die Diskurse. Jede Behauptung, nun tatsächlich die Wirklichkeit hinter den Dingen und Texten gefunden zu haben, ist auch wieder ein Diskurs.

Darin liegt aber kein Verlust, sondern ein Gewinn. Es ist eine Einsicht in das menschliche Erkenntnisvermögen: Als endliche, geschichtsbedingte Wesen kommen wir über Diskurse nicht hinaus. Wir verfügen über keinen absoluten Blick von außerhalb auf die Realität »an sich«. Wir sind nicht Gott. Als Menschen können wir nur menschlich denken und sollten uns kein Wissen anmaßen, das wir nicht haben können. Darin liegt mithin eine Befreiung zur Menschlichkeit.

Am wichtigsten aber ist wohl: Die Frage nach den Diskursen holt die *Inhalte* wieder ins Nachdenken zurück. Wo allzu lange die Gottesfrage als philosophische Frage verhandelt wurde und die Vorstellung herrschte, dass man nach der Zustimmung zur Existenz Gottes auch die Bibel samt Jungfrauengeburt und Gang übers Wasser – ihrer erzählten Form nach – für wahr halten könne und müsse, fragt die Diskursanalyse (mit der Exegese) wieder danach, was diese Erzählungen denn inhaltlich vermitteln wollten.

Und sie kann zeigen, dass die konkurrierenden Diskurse tatsächlich auch unterschiedliche Einstellungen gegenüber den Zumutungen des Lebens thematisieren. So ist beispielsweise der Gott des Exodus nicht einfach Gott, sondern beschreibt einen bestimmten Diskurs über das Göttliche; und der Gang übers Wasser thematisiert eine bestimmte mögliche Grundhaltung gegenüber herrschenden »Mächten und Gewalten«.

Was man selbst davon halten möchte, ist dann zwar keine Frage der Diskursanalyse, aber eben eine Frage, die von ihr ermöglicht wurde. Wenn man den Diskurs einer Geschichte erkennt, kann man auch selbst in einen Diskurs darüber eintreten und eine eigene Haltung dazu entwickeln. Dann kann man die konkurrierenden Diskurse als unterschiedliche Möglichkeiten begreifen, die Wirklichkeit zu denken.

Das war über lange Zeit nicht einfach. Denn wo die Bibel insgesamt von den »Gläubigen« als irrtumsfreie Heilige Schrift akzeptiert werden sollte, konnten diese verschiedenen, oft gegensätzlichen Denkangebote nicht mehr erkannt werden. Wenn alles in der Bibel gleichermaßen wahr sein sollte, dann wurde dadurch alles nivelliert.

Der diskursanalytische Blick kann nun diese Nivellierung wieder aufheben und die unterschiedlichen Positionen erneut ins Gespräch bringen – durchaus auch mit neuzeitlichen Positionen, die in Fragen des Gottesverständnisses und des Umgangs mit »Mächten und Gewalten« nicht unbedingt die besseren Antworten haben. Es geht dann nicht mehr generell um Glauben oder Nichtglauben, sondern darum, *was* man konkret glaubt und was nicht.

Gewiss: Wesentliche Diskurse der Bibel – etwa die über den Gott des Exodus – bringen Erfahrungen des Volkes Israel zum Ausdruck. Ist es für Christen angemessen, sich diese einfach anzueignen, wenn man das Schicksal dieses Volkes nicht geteilt hat? Erinnert das nicht an unselige Zeiten, als die Kirche sich als das »neue Israel« verstand und an dessen Stelle zu treten beanspruchte? Darf man davon ausgehen, dass die Zusage Gottes »Ich habe das Elend meines Volkes in Ägypten gesehen und [...] bin herabgestiegen, um es der Hand der Ägypter zu entreißen« so einfach auf die Lage von Christen zu übertragen ist?

Ich halte es für problematisch, schlankweg zu erwarten, dass die Rettungszusage des Gottes Israels immer und überall auch für Christen gilt – vor allem nach den zahlreichen christlichen Untaten an den Juden im Verlauf der Geschichte. Es muss klar sein, dass Christen es hier mit einem Diskurs Israels zu tun haben – nicht mit einem eigenen Diskurs.

Aber Christen können jederzeit respektvoll und staunend zur Kenntnis nehmen, was Israel von seinem Gott bezeugt. Sie können lernen, welch anderes Licht von hier aus auf alles Nachdenken über Gott fällt, und sich veranlasst sehen, ihre eigenen Vorstellungen kritisch zu überdenken. Und selbstverständlich dürfen sie hoffen, dass Gott sich auch ihnen als Befreier zuwendet – ohne freilich einfach davon ausgehen zu können.

Auf der Ebene des Nachdenkens über Diskurse scheint also durchaus ein respektvoller Umgang mit der Bibel ohne Enteignungstendenzen möglich. Man kann die Vorstellungen und Erfahrungen anderer würdigen, und man kann zulassen, dass sie in die eigenen Diskurse hineinwirken, ohne undankbar und übergriffig zu sein.

Auch das Gegenteil ist übrigens im Modus des Respekts umstandslos denkbar: Nein zu sagen zu Überlegungen, die einem nicht einleuchten. Wenn Aussagen des Glaubens nicht mehr als abstrakte Formeln daherkommen, die man nur annehmen oder ablehnen kann, dann wird etwas ganz anderes möglich: das Gespräch. Dabei sind Meinungsunterschiede meist interessanter als Übereinstimmung. Denn im Austausch über die Unterschiede kann man mehr über die anderen und über sich lernen, als wenn man nur zustimmend nickt. Wie man zwanglos, aber respektvoll mit anderen Ansichten umgehen kann, hat zum Beispiel Amos Oz (1939–2018) eindrucksvoll gezeigt:

> Ich bin mit Jesus Christus nicht einer Meinung. Ich liebe ihn, er ist meinem Herzen nahe, aber in ein paar Dingen bin ich nicht seiner Meinung. Ich habe Jesus Christus nie Recht gegeben, was die Vorstellung der universalen Liebe angeht – jeder liebt jeden anderen. Das ist sehr herzig, aber auch sehr kindisch. Ich bin mit Jesus nicht einer Meinung, wenn er sagt: »Vergib ihnen, denn sie wissen nicht, was sie tun.« ... Oh doch, wir wissen es schon. Wir sind keine moralischen Idioten ... Wenn wir anderen Schmerzen zufügen, wissen wir genau, was wir tun ... Wir wissen das alle sehr gut. Sogar ein kleines Kind, das eine Katze am Schwanz zieht – es weiß, dass es ihr Schmerzen zufügt.

So kann man reden, sich streiten. Über Inhalte, Positionen. Auch über Jesus und seine Diskurse zur Nächstenliebe und zur Vergebung – das ist kein Sakrileg. Und das ist das Geheimnis: Nur wenn man über etwas streiten kann, kann man selbst auch eine Position dazu einnehmen, an die man glaubt. Glaube hat etwas mit eindeutigen Positionen zu tun. Nur wenn man die biblischen Diskurse in ihrer Pluralität erkennen lernt, kann man diejenigen, die man überzeugend findet, auch vertreten und treffend weitererzählen. Was einem dagegen alternativlos als zu glaubende »Wahrheit« vorgelegt wird, zwingt einen zur Unterwerfung und zerstört den Glauben letztlich.

Letzteres muss nicht das Geschäft der Dogmatik bleiben. Sie kann auch ihrer Aufgabe nachkommen, den Glauben der Kirche zu formulieren, ohne die Erkenntnisse der Bibelwissenschaft als feindlich zu verstehen. Und wenn die Diskursanalyse mit ihrer Fähigkeit zur Herausstellung entschiedener Positionen dazu beitragen kann, dass die beiden theologischen Fächer beweglicher miteinander umgehen, wäre viel gewonnen.

Kapitel 7
Nicht aufhören zu erzählen

Fragt man Christen mit einem tiefen Glaubensleben nach ihren Erfahrungen, dann sprechen sie gerne von Besinnungstagen im Kloster, die ihnen besonders guttaten, von wegweisenden Einsichten, die ihnen in der meditativen Versenkung oder bei einsamen Spaziergängen gekommen seien, oder von dem Gefühl des Getragenseins im Gebet. Nichts davon soll hier in Abrede gestellt werden. Aber auffällig ist doch, dass es dabei in der überwiegenden Mehrzahl der Fälle um Erlebnisse geht, die sich eher im Raum des persönlichen, privaten Lebens ereignen.

Die Bibel dagegen hat auf dem Feld der Gotteserfahrungen fast ausschließlich Konfliktgeschichten zu bieten, Auseinandersetzungen mit dem Pharao, mit übergriffigen Königen, mit Besatzungsmächten. Sie erzählt von ethischen Herausforderungen, in denen sich die Protagonisten schließlich doch entscheiden, den Mund aufzumachen gegen herrschendes Unrecht, sich mit Ausgegrenzten zu solidarisieren, vom eigenen Überfluss abzugeben oder Kämpfe mit Herrschenden auszufechten.

»Westliche« Menschen der Gegenwart bringen solche Konfliktgeschichten – wenn sie sie denn erleben – nur selten mit Religion in Verbindung. Religion gehört für sie eher in den Bereich der Innerlichkeit, des persönlichen Heils, des eigenen Lebensweges mit seinen Fragen. Dem entspricht auch die Katechese der Kirchen: Sie handelt vornehmlich vom Verhältnis der Einzelnen zu Gott, zu Christus, zum persönlichen Heil. Gesellschaftliches Handeln darf hinzukommen, ist lobenswert, bleibt aber ein Anhängsel und wird kaum verstanden als *das* Feld der christlichen Glaubenspraxis und -erfahrung.

Daran lässt sich ablesen, wie weitgehend die Bibel über lange Zeit vorrangig als Dokument der großen Heilsereignisse – Kreuz und Auferstehung Jesu Christi – herangezogen wurde, kaum jemals aber als Reservoir von Macht-, Ohnmacht-, Glaubens- und Unglaubenserfahrungen, die etwas zu den Konflikten und grundlegenden Auseinandersetzungen anderer Zeiten beizutragen hätten. Alles um die Passionsgeschichten herum ist »ausführliche Einleitung« (Martin Kähler), moralische Ermahnung, Folklore.

Wie das geschehen konnte, wurde in den vorangehenden Kapiteln angesprochen: In der letztlich missglückten Auseinandersetzung mit den Massenbewegungen des Markionismus und der Gnosis, die die Welt als heillos beschrieben, verfiel auch die christliche Theologie immer mehr darauf, ihre Heilshoffnung – weil die Rückkehr Jesu ausblieb – stärker zeitlos und jenseitig auszurichten. Die biblischen Geschichten, die auf ein besseres Zusammenleben in *dieser* Welt zielten, auf mehr Gerechtigkeit, auf Erlösung von Sklaverei, Ausbeutung und Schuldknechtschaft, traten in den Hintergrund. Das sogenannte Alte Testament wurde über weite Strecken gelesen als Geschichte des menschlichen Ungehorsams und als Vorankündigung des Kommens Christi, das Neue Testament als Bericht von einem Erlösungsgeschehen kosmischen Ausmaßes mit dem Ziel ewigen Heils, das gläubig angenommen werden sollte.

Unter diesen Vorzeichen entfernte sich die christliche Lektüre der Bibel immer weiter von den Lesarten der jüdischen Traditionen (verbunden mit entsprechenden Vorwürfen an die jüdische »Blindheit«). Aus Erzählungen wurden Mahnungen, aus Ereignissen Daten einer Heilsgeschichte. Die sich entwickelnde christliche Dogmatik goss den Extrakt daraus in kompromissfähige Formeln und war »immer mehr dazu angetan, nun innerhalb eines gemeinsamen und alle verbindenden Christusglaubens Schranken aufzurichten« (Kasper, *Dogma unter dem Wort Gottes*, 77).

Dass die Bibel indessen hauptsächlich aus Erzählungen bestand, mit unterschiedlichen Perspektiven und unterschiedlichen Tendenzen, geriet immer mehr aus dem Blick. Man bezog aus ihr heilige, niemals infrage zu stellende Worte und Zeichen. An Erzählungen gab es keinen Bedarf, wenn man sich auf sein Heil in der Ewigkeit orientierte; man brauchte allein Wegweiser. Und man selbst hatte auch nichts zu erzählen, was mit anderen Erzählungen ins Gespräch kommen konnte; denn wenn man sich möglichst »rein« erhalten wollte für die »Heimkehr«, für den »reditus« zu Gott, dann entstanden aus dem gelebten Leben keine Geschichten.

So brach der christlichen Theologie – weitgehend unbemerkt – ihre lebendige Mitte weg: das Erzählen. Die Sprache der Dogmatik verlor ihre Bildhaftigkeit und entwickelte einen buchhalterischen *haut goût*. Offenbarung wurde zuletzt gar »instruktionstheoretisch« verstanden: als göttliche Belehrung über Heilstatsachen. Die Sprache der Rituale wurde ohne tieferen Kontakt zu den biblischen Erzählungen leer und äußerlich. Immer wichtiger wurden stattdessen die richtigen Gesten, Formeln und Blicke in den vorgeschriebenen Momenten, aber das Abendmahlsbrot nahm man häufig zu sich wie eine Pille, die ewiges Leben verleihen sollte, nicht, um den eigenen Weg mit dem Weg Jesu rituell immer neu zu verbinden. (Vom Empfang des Weins waren einfache Christen in der katholischen Kirche ohnehin ausgeschlossen; hier konnten die Hierarchen offenbar selbstständig entscheiden, was heilsnotwendig war und was nicht, während sie glaubten, der Zulassung von Frauen zum Priesteramt nicht zustimmen zu dürfen, weil davon nichts in der Heiligen Schrift stehe.)

Die (Wieder-)Entdeckung des jüdischen Jesus vom späten 18. Jahrhundert an wird vor diesem Panorama in ihrer erschütternden, umstürzenden Kraft verständlich: Sie war der unerwartete Einbruch der Bibel und ihrer Erzählungen in ein weitgehend dogmatisch und metaphysisch versiegeltes Christentum. Das Bild des bewussten und praktizierenden Juden, der nichts anderes sein wollte als ein Jude, war, wie die Philosophin Ágnes Heller es ausdrückte, eine »radikal neue Interpretation eines stets bekannten Textes, nichts anderes« (14). Radikal war sie, weil sie in eine völlig andere Richtung ging als die traditionellen kirchlichen Interpretationen. Und weil sie zugleich etliche starke Anhaltspunkte in den biblischen Texten für sich anführen konnte.

Offensichtlich waren die Interpretationen zu weit voneinander entfernt, als dass man die Rückkehr der Bibel und ihrer Erzählungen im 19. Jahrhundert schon begrüßen konnte. Die Irritationen der anderen Lesart lösten nur die bereits in Kapitel 4 beschriebenen Orgien antijüdischer Ausfälle aus: die Darstellung eines religiös und ethisch heruntergekommenen Judentums, das Ignorieren alles Jüdischen an Jesus, die Erneuerung der Gottesmordanklage oder den Vorwurf des jüdischen Bundesbruchs.

Auf dem Zweiten Vatikanischen Konzil der katholischen Kirche (1962–1965) wurde der Verlust der erzählenden Mitte des christlichen Glaubens, die Ritual wie Dogma mit Leben hätte versehen können, wohl ernsthaft empfunden (wenn auch noch nicht ganz verstanden). Wichtige Schritte wurden aber eingeleitet. Im Dokument *Dei Verbum* rückte das Konzil schließlich vom »instruktionstheoretischen« Offenbarungsverständnis ab und sprach hinfort »kommunikationstheoretisch« von Gottes Selbstmitteilung, die sich bei der Begegnung mit Gott ereigne. Aber auch wenn Gott nach neuem Verständnis nun nicht mehr Instruktionen ausgab, sondern sich selbst mitteilte, führte das an die Diskurse der biblischen Erzählungen mit ihrem Weltinteresse noch nicht viel näher heran.

Hier aber wäre neu anzusetzen: bei den biblischen Erzählungen, vor allem der Erzählung vom jüdischen Jesus und dem, was er wollte (und seit der Schoa gibt es dazu auch zahlreiche Arbeiten). Allerdings wird die erzählerische Mitte zwischen Dogma und Ritual nicht schon allein durch historische Rekonstruktionen der biblischen Diskurse ins christliche Leben zurückkehren. Es würde einen Irrtum aus dem 19. Jahrhundert in unsere Zeit verlängern, wenn man die historisch festgehaltene »Wirklichkeit« für das Leben an sich halten würde.

Keine Alternative wäre es auch, die biblischen Geschichten stattdessen »symbolisch« zu interpretieren, wie es in der Liberalen Theologie der Gegenwart noch vielerorts *en vogue* ist. Die Erzählungen der Heiligen Schriften waren ja – bis auf wenige Ausnahmen – nie zeitlos-übergeschichtlich gemeint, sondern waren in den meisten Fällen Reaktionen auf konkrete politisch-gesellschaftliche Verhältnisse und Antworten auf die Frage, was man denn in diesen konkreten Verhältnissen tun solle. Diese Hintergründe völlig auszublenden, damit eine irgendwie poetische oder gleichnishafte Lesart auch für Christen der Gegenwart etwas abwirft, würde die Texte ihrer kritischen Spitzen berauben und sie unter der Hand zu einem Märchen herabstufen. Gewiss: Auch Märchen enthalten Wahrheiten – aber man kann die biblischen Geschichten dann eben behandeln wie andere Märchen auch: Man kann sie lesen, aber man kann es auch lassen.

Das Gefühl für die Dringlichkeit, für die politisch-gesellschaftliche Leidenschaft, die viele biblische Erzählungen bestimmt, lässt sich weder durch Historismus noch durch Symbolismus zurückgewinnen. Wichtig scheint es mir deshalb, sich tiefer auf den narrativen Charakter der meisten biblischen Texte einzulassen.

Blicken wir noch einmal auf die Geschichte von Jesu Gang über den See Gennesaret: Niemanden würde es ansprechen, wenn man darüber lediglich sagte, Jesus habe zur Überwindung der Angst aufgerufen. Oder wenn man behauptete, das Gehen auf dem Wasser sei nur ein Symbol für Jesu »Vollmacht«. Die Diskursanalyse (so wie sie hier versucht wurde) überbrückt dagegen den Graben zwischen der erzählten Zeit und der Situation der Hörer oder Leser, indem sie den gesellschaftlichen Kontext – die Zeit der Handlung, ihre Lebensumstände und Ängste – skizziert, dann die Anspielungen aus dem Tanach – die ältesten Elemente des Diskurses – erläutert und schließlich die Erzählschritte der Geschichte nachvollzieht. Auf diese Weise nimmt sie selbst schon eine quasi-narrative Struktur an und macht die Geschichte neu erzählbar.

Doch selbst das ginge noch nicht weit genug: Man muss sie nun auch wirklich erzählen!

Der Schriftsteller Peter Bichsel sagt, »dass das Erzählen das wesentliche Merkmal einer Geschichte sei und nicht ihr Inhalt« (61). Das heißt nicht, dass es auf den Inhalt nicht ankäme, aber dass das Erzählen selbst das Geschehen ist, in dem die Erzählung unter allen Beteiligten – den Erzählenden und den Zuhörenden – lebendig wird. Das Erzählen einer Geschichte ist immer zugleich Austausch der Beteiligten über eine Frage, die in der Geschichte mit Mitteln der Verfremdung (wie Brecht sagen würde) dargestellt wird.

Voraussetzung dafür ist allerdings, dass bei allen Beteiligten ein Interesse an der verhandelten Frage vorhanden ist – und ganz generell ein Interesse am Zusammenleben der Menschen und an dem, was aus der Welt werden soll. Wenn die Erzähler und die Zuhörer nicht daran interessiert sind, sondern nur daran, wie sie dieses Leben möglichst unbefleckt und schmerzarm hinter sich bringen, wird nichts zwischen ihnen geschehen.

Das gilt auch, wenn Jahrtausende zwischen Erzählern und Zuhörern liegen. Wenn etwas zwischen ihnen geschehen soll, muss es ein Minimum an gemeinsamem Interesse am Leben in dieser Welt geben. Wenn die einen brennend daran interessiert sind, ihre Ohnmachtsgefühle unter der römischen Besatzungsherrschaft zu überwinden, die anderen aber wissen wollen, wie sie ohne längere Fegefeuerstrafen in den Himmel kommen, wird der Austausch enge Grenzen haben. Wenn für die einen das Nachdenken darüber wichtig ist, wie man unter politisch schwierigen Verhältnissen die Tora getreulich leben kann, die anderen aber bei den Geboten Gottes eher an ihre »Sonntagspflicht« und das Verbot des vorehelichen Geschlechtsverkehrs denken, wird das Erzählen nicht zu einem Geschehen werden.

Der Abstand zwischen den Jahrtausenden muss aber nicht grundsätzlich ein Hindernis sein. Die als Sklaven in die USA verschleppten Afrikaner konnten bei aller Unterschiedlichkeit der jeweiligen Situationen mit der Geschichte vom Auszug der Israeliten aus Ägypten ungeheuer viel anfangen und hörten die Gottesworte »Ich habe das Elend meines Volkes in Ägypten gesehen« nicht gleichgültig, sondern mit inständiger Hoffnung, dass Gott sich auch ihnen zuwenden möge. In ähnlicher Weise maß auch die lateinamerikanische Befreiungstheologie den Exoduserzählungen weit größere Bedeutung zu als die europäische Theologie. Und die feministische Theologie las zum Beispiel die Geschichte von der Königin Ester als Inspiration zu Mut und Klugheit in einer männerdominierten Welt.

Der springende Punkt ist, dass man ohne »innerweltliche« Hoffnungen nur wenig Zugang zur Bibel und ihren Erzählungen finden wird. Es ist bedauerlich, dass man im Christentum den Menschen lange ausgeredet hat, etwas von diesem

Leben zu wollen, etwas für diese »heillose« Welt zu hoffen. Das hat es ihnen schwer gemacht, ihre eigene Geschichte zu leben. Von der biblischen Erzählung etwa, die die Jünger Jesu auffordert, übers Wasser zu gehen, fühlten sich viele nur selten persönlich angesprochen. Sie verstanden sie eher als eine Aufforderung, Jesu Macht anzuerkennen.

Und doch sollte man die Tatsache, dass Menschen sich in Gottesdiensten und kirchlichen Veranstaltungen mit biblischen Geschichten konfrontieren, nicht unterschätzen. Peter Bichsel geht davon aus, dass wir zuerst das Erlebnis erzählter Geschichten brauchen, um selbst in die Lage zu kommen, unser Leben zu erzählen, und das heißt, es zu leben:

> Dass es das Erzählen gibt, dass es mir vordemonstriert wird, das lässt uns unsere eigenen Geschichten herstellen. Wir können nur deshalb im Stillen unsere eigenen Geschichten erzählen, in Geschichten leben. (77)

Erzählen ist immer ein Wechselspiel zwischen gehörten Geschichten, neuem Deuten der eigenen Lage und dem Wagnis, selbst zu erzählen. Bichsel schreibt: »Eine Geschichte ist immer auch eine Geschichte über eine Geschichte« (8). Man kann keine eigene Geschichte erzählen, ohne auf andere Geschichten Bezug zu nehmen. Und man kann keine biblischen Geschichten erzählen, ohne die eigene Geschichte mitzuerzählen.

Die eigenen Geschichten, die von unseren Konflikten, Schwierigkeiten und Hoffnungen handeln, müssten deshalb auch im christlichen Gemeindeleben, in Predigten und Gesprächsgruppen einen Platz haben: nicht unbedingt die ganz persönlichen Probleme, nicht die gerne gepflegten »Meinungen«, sondern die Geschichten, die ein Interesse am gemeinschaftlichen, gesellschaftlichen und politischen Zusammenleben zeigen und konkreter sind als die allgemeinen Beschwörungen (»Wir alle wissen manchmal nicht, wie es weitergehen soll«), die die wichtigsten Fragen der Mitmenschen in deren Privatleben zurückdrängen. Solche Geschichten könnten das gemeinsame Nachdenken über unser Leben beflügeln und Brücken zu niemals identischen, aber oft vergleichbaren Erfahrungen in biblischen Erzählungen schlagen.

In diesem Sinne dürfen wir – einfache Christen ebenso wie Theologinnen, Pfarrer, Religionslehrerinnen – nicht aufhören zu erzählen: unsere Lebensgeschichten, die Geschichten der Bibel, die Geschichte unseres Landes und seine damit verbundenen Lebensläufe, unsere Familiengeschichten, die Geschichten von Angst und Hoffnung, von gelungener und gescheiterter Standhaftigkeit, die Geschichte von der alles zerstörenden Judenfeindschaft der Christen, aber auch Geschichten von Freundschaft, Solidarität, unsere Geschichte mit Gott ...

Das ist viel mehr als eine seelsorgliche Methode – darin realisiert sich unser Welt- und unser Gottesbezug, mitten in der »Erfahrung der Wirklichkeit in Widersprüchen und Konflikten« (Metz, III/1, 223). Selbst wenn wir viele schlimme Geschichten zu erzählen haben: »Unser Leben wird dann sinnvoll, wenn wir es erzählen können« (Bichsel, 78). Das Erzählen ist das Rückgrat des Glaubens wie auch aller ernsthaften Theologie. Für Johann Baptist Metz liegt darin eine Definition des Christentums:

> Christentum als Gemeinschaft der an Jesus Christus Glaubenden ist von Anfang an nicht primär eine Interpretations- und Argumentationsgemeinschaft, sondern eine Erinnerungs- und Erzählgemeinschaft ...
> (Metz, III/1, 225)

Läuft darauf alles hinaus: auf eine schlichte Aufforderung zum Erzählen? Ja, es geht um die Rückkehr des Erzählens und damit eines vitalen Weltverhältnisses ins Christentum. Aber das ist keineswegs schlicht: Darin kulminieren grundlegende theologische Entscheidungen.

Erstens gehört dazu die Entscheidung, von den dürren Definitionen des Heils zu den klaren innerweltlichen Ansagen der biblischen Diskurse zurückzukehren, theologisch gesprochen vom systematisierenden »est« zum biblischen »amen«. Mit Friedrich Wilhelm Marquardt (1928–2002) ist zu fragen, »ob nicht statt Definition und Begriff, Logos und Logik, Prinzip und Sein das Erzählen von Geschichten ins Dogmatische gehört« (179).

Zweitens folgt daraus zugleich die Entscheidung, Jesus als Juden nicht nur zu bekennen, sondern verstehen zu lernen – nicht so sehr im Sinne seiner ethnischen Zugehörigkeit (das wäre eine Form von Rassismus), sondern im Sinne seiner Identität, seiner bewussten Zugehörigkeit zu einem Volk, in dem einige schon früh entdeckten (bzw. einen Diskurs darüber entwickelten), dass Gott nicht ein ödipaler Erzieher ist, der belohnt und bestraft, sondern derjenige, der sein Volk aus der Unterdrückung befreit. (Hier ist weit mehr über Gott auszusagen als seine bloße »Selbstmitteilung«.)

Drittens bedeutet der Blick auf den jüdischen Jesus dann auch die Entscheidung zu einem Wechsel von der Christozentrik zur Theozentrik (oder Patrozentrik), weg von der Ausrichtung allein auf Jesus Christus, hin zur Ausrichtung auf seinen Gott, den Gott Israels. Das heißt anzuerkennen, dass Jesus keine neue Religion begründen wollte, sondern die Tora lehrte und dass darin für ihn schon alles enthalten war. »Jesus will uns zu Gott, zum Vater führen. Die Patrozentrik ist auch in der Christologie zu halten und sie eröffnet zugleich einen Dialog mit dem Judentum auf der Basis des Monotheismus« (Dirscherl, 194).

Das heißt keineswegs, dass Christen sich nun in allem dem Judentum angleichen sollten. Schon gar nicht sollten sie das

Jüdische romantisieren. Wie in den christlichen finden sich auch in den jüdischen Traditionen unterschiedliche Diskurse, von denen manche mehr, manche weniger überzeugend sein mögen. Die jüdische Theologin und Neutestamentlerin Amy-Jill Levine geht davon aus, »dass sowohl jüdische Quellen als auch christliche Quellen hässliches, frauenfeindliches, intolerantes und hasserfülltes Material enthalten. Dialogpartner sollten sich das Vorhandensein des Schlechten ebenso wie des Guten eingestehen können« (216). Umgekehrt aber sollte daraus keine Munition für die Verteidigung der eigenen Religion gegen die andere werden: »Christliche Identität muß so formuliert (und gelebt!) werden, daß sie nicht auf Kosten der jüdischen Identität und Existenz formuliert wird« (Frankemölle, 462).

Ohne Dialog, ohne Gespräch zwischen Juden und Christen, ohne gemeinsame Lektüre der Bibel und Austausch über die unterschiedlichen Lesarten werden wir aber bei diesen Bemühungen keinen Schritt vorankommen. Erfreulicherweise hat es in den letzten Jahren gerade von jüdischer Seite viel Zustimmung zum Dialog gegeben (in den Dokumenten *Dabru Emet*, *Den Willen unseres Vaters im Himmel tun* und *Zwischen Jerusalem und Rom*). Jüdische Kommentare zum Neuen Testament (Levine – Brettler) und Kommentare zum Alten Testament, die auch die jüdischen Perspektiven einbeziehen (HThKAT), können ebenfalls den engen christlichen Blickwinkel erweitern.

Wird all das aber die schwierige Lage des Christentums in Europa wirklich ändern können? Hier sind keine überschwänglichen Hoffnungen angebracht. Für Christinnen und Christen kann die Aussicht auf Erfolg allerdings keine entscheidende Kategorie sein. Leitend muss vielmehr die Vorstellung sein, das Richtige, das Gerechte zu tun, soweit man es erkennen kann: jeglicher Diskriminierung den Boden zu entziehen (bis in die theologischen Grundlagen hinein) und die Autonomie der Menschen, wo sie sich zeigt, unbedingt zu respektieren. Das kann man ehrlichen Herzens tun, ohne auf Beifall zu schielen.

Dass sich das überkommene judenfeindliche Christentum nicht mehr erzählen, nicht mehr wirklich verkündigen lässt, ist indessen mehr Hoffnung als Niedergang. Alles ist Transformation; nichts bleibt, wie es ist. Christen und Christinnen aber sind aufgerufen, sich nicht zu ängstigen, sondern sich auf den Weg über das Wasser zu machen.

Zitierte und erwähnte Literatur

Anselm von Canterbury: *Cur deus homo. Warum Gott Mensch geworden*, übers. v. Franciscus Salesius Schmitt, Augsburg/München 1986

Baeck, Leo: *Das Wesen des Judentums* [1905], Wiesbaden ⁶1995

Baltrusch, Ernst: *Die Juden und das Römische Reich. Geschichte einer konfliktreichen Beziehung*, Darmstadt 2002

Barnes, Michel René: *The Fourth Century as Trinitarian Canon*, in: Lewis Ayres – Gareth Jones (Hg.), Christian Origins. Theology, Rhetoric and Community, London 1998, S. 47–67

Barth, Karl: *Der Römerbrief*, München ²1923

Barth, Karl: *Kirchliche Dogmatik*, Bd. II/2, Zürich 1942

Bauer, Thomas: *Die Vereindeutigung der Welt. Über den Verlust an Mehrdeutigkeit und Vielfalt*, Ditzingen 2018

Bichsel, Peter: *Der Leser. Das Erzählen. Frankfurter Poetik-Vorlesungen*, Darmstadt/Neuwied 1982

Blaschke, Olaf: *Die Anatomie des katholischen Antisemitismus. Eine Einladung zum internationalen Vergleich*, in: Olaf Blaschke – Aram Mattioli (Hg.), Katholischer Antisemitismus im 19. Jahrhundert. Ursachen und Traditionen im internationalen Vergleich, Zürich 2000, S. 3–54

Blaschke, Olaf: *Katholizismus und Antisemitismus im Deutschen Kaiserreich*, Göttingen 1997

Blondel, Maurice: *Geschichte und Dogma*, übers. v. Antonia Schlette, Mainz 1963; *Geschichte und Dogma*, hg. u. eingel. v. Albert Raffelt, übers. und kommentiert v. Hansjürgen Verweyen, Regensburg 2011

Boyarin, Daniel: *Den Logos zersplittern. Zur Genealogie der Nichtbestimmbarkeit des Textsinns im Midrasch*, Berlin/Wien 2002

Boyarin, Daniel: *Die jüdischen Evangelien. Die Geschichte des jüdischen Christus*, Würzburg 2015

Childs, Brevard S.: *Die Theologie der einen Bibel*, Bd. 1, Darmstadt 2003

Cohen, Hermann: *Religion der Vernunft aus den Quellen des Judentums. Eine jüdische Religionsphilosophie* [1919], Wiesbaden 2008

Crossan, John Dominic – Watts, Richard G.: *Who Is Jesus? Answers to Your Questions About the Historical Jesus*, Louisville, KY 1996

Crüsemann, Frank: *Das Alte Testament als Wahrheitsraum des Neuen. Die neue Sicht der christlichen Bibel*, Gütersloh 2011

Denzinger, Heinrich: *Kompendium der Glaubensbekenntnisse und kirchlichen Lehrentscheidungen. Enchiridion symbolorum definitionum et declarationum de rebus fidei et morum*, hg. von Peter Hünermann, Freiburg u. a. ^{45}2017

Diderot, Denis – Le Rond d'Alembert, Jean (Hg.): *Encyclopédie ou Dictionnaire raisonné des sciences, des arts et des métiers*, Paris 1751–1780

Dirscherl, Erwin: *Der Ursprung des Messias. Die Bedeutung des Judeseins Jesu für die Dogmatik*, in: Thomas Söding (Hg.), Zu Bethlehem geboren? Das Jesus-Buch Benedikts XVI. und die Wissenschaft, Freiburg 2013, S. 189–207

Dodds, Eric Robertson: *Pagan and Christian in an Age of Anxiety: Some Aspects of Religious Experience from Marcus Aurelius to Constantine*, Cambridge 1991

Dohmen, Christoph: *Exodus 1–18* (Herders Theologischer Kommentar zum Alten Testament), Freiburg 2015

Dostojewski, Fjodor M.: *Gesammelte Briefe 1833–1881*, München/Zürich ^{2}1986

Drobinski, Matthias: *Die vielen Stimmen des Herrn*, in: Süddeutsche Zeitung, 13. Februar 2013

Ebeling, Gerhard: *Die Bedeutung der historisch-kritischen Methode für die protestantische Theologie und Kirche*, in: ders., Wort und Glaube, Bd. I, Tübingen 1960, S. 1–49

Ewald, François – Farge, Arlette – Perrot, Michelle: *Eine Praktik der Wahrheit*, in: Robert Badinter u. a., Michel Foucault. Eine Geschichte der Wahrheit, München 1987, S. 9–59

Flusser, David: *Jesus*, überarb. Neuausg., Reinbek ^{3}2003

Foucault, Michel: *Archäologie des Wissens*, Frankfurt am Main ^{8}1997

Foucault, Michel: *Der Mensch ist ein Erfahrungstier. Gespräch mit Ducio Trombadori*, Frankfurt am Main ^{2}1997

Foucault, Michel: *Die Macht und die Norm*, in: ders., Short Cuts, Frankfurt am Main ^{2}2001, S. 39–55

Foucault, Michel: *Die Ordnung der Dinge. Eine Archäologie der Humanwissenschaften*, Frankfurt am Main ^{23}2015

Foucault, Michel: *Die Ordnung des Diskurses. Inauguralvorlesung am Collège de France – 2. Dezember 1970*, Frankfurt/Berlin/Wien 1977

Foucault, Michel: *Schriften. Dits et écrits*, Bd. II: 1970–1975, Frankfurt am Main 2002

Foucault, Michel: *Überwachen und Strafen. Die Geburt des Gefängnisses*, Frankfurt am Main ^{19}2014

Frankemölle, Hubert: *Jüdische Wurzeln christlicher Theologie. Studien zum biblischen Kontext neutestamentlicher Texte*, Bodenheim 1998

Gabler, Johann Philipp: *Vorrede*, in: Johann Gottfried Eichhorn, Urgeschichte, hg. mit Einleitungen u. Anmerkungen von D. Johann Philipp Gabler, Bd. I, Altdorf/Nürnberg 1790, S. III–XXVIII

Gadamer, Hans-Georg: *Wahrheit und Methode. Grundzüge einer philosophischen Hermeneutik*, Tübingen 1975

Geiger, Abraham: *Das Judentum und seine Geschichte bis zur Zerstörung des zweiten Tempels. Nebst einem Anhange: Renan und Strauss*, Breslau ²1865

Görg, Manfred: *In Abrahams Schoß. Christsein ohne Neues Testament*, Düsseldorf 1993

Görg, Manfred: *Wege zu dem Einen. Perspektiven zu den Frühphasen der Religionsgeschichte Israels*, in: Münchener Theologische Zeitschrift 37 (1986), S. 97–115

Graetz, Heinrich: *Geschichte der Juden von den Anfängen bis auf die Gegenwart*, Bd. IV, Leipzig ²1866

Graf, Friedrich Wilhelm: *Tumult im Theotop: Akademische Theologie in der Krise*, in: Frankfurter Allgemeine Zeitung, 21. Februar 2008

Habermas, Jürgen: *Erläuterungen zur Diskursethik*, Frankfurt am Main 1991

Halter, Marek: *Alles beginnt mit Abraham. Das Judentum mit einfachen Worten erzählt*, Wien 2001

Harnack, Adolf: *Das Wesen des Christentums. Sechzehn Vorlesungen vor Studierenden aller Facultäten im Wintersemester 1899/1900 an der Universität Berlin*, Leipzig 1900

Hartom, Menachem Immanuel: *»unserer Sünden wegen ...«*, in: Michael Brocke – Herbert Jochum (Hg.), Wolkensäule und Feuerschein. Jüdische Theologie des Holocaust, Gütersloh 1993, 20–26

Hegel, Georg Wilhelm Friedrich: *Vorlesungen über die Philosophie der Geschichte* [1837], Werke Bd. 12, Frankfurt am Main 1989

Heller, Ágnes: *Die Auferstehung des jüdischen Jesus*, Berlin/Wien 2002

Heschel, Susannah: *Der jüdische Jesus und das Christentum. Abraham Geigers Herausforderung an die christliche Theologie*, Berlin 2001

Hilgenreiner, Karl: Art. *Antisemitismus*, in: Michael Buchberger (Hg.), Kirchliches Handlexikon. Ein Nachschlagebuch über das Gesamtgebiet der Theologie und ihrer Hilfswissenschaften, Freiburg 1907/1912, Bd. I, S. 257–258

Hirsch, Samson Raphael: *Der Pentateuch. Übersetzt und erläutert, Zweiter Teil: Exodus*, Frankfurt am Main ²1893

Holzem, Andreas: *Katholizismus, europäischer Ultramontanismus und das Erste Vatikanische Konzil*, in: Jens Holger Schjørring – Norman A. Hjelm (Hg.),

Geschichte des globalen Christentums. 2. Teil: 19. Jahrhundert, Stuttgart 2017, S. 161–233

Kähler, Martin: *Der sogenannte historische Jesus und der geschichtliche, biblische Christus. Vortrag auf der Wupperthaler Pastoralkonferenz*, Leipzig 1892

Kampling, Rainer: *»Jede Kontroverse um des Himmels willen trägt bleibende Früchte« (Pirke Avot 5,19)*, in: Thomas Söding (Hg.): Das Jesus-Buch des Papstes. Die Antwort der Neutestamentler, Freiburg 2007, S. 66–76

Kasper, Walter: *Dogma unter dem Wort Gottes*, in: ders., Gesammelte Schriften, Bd. 7: Evangelium und Dogma. Grundlegung der Dogmatik, Freiburg 2015, S. 43–150

Kirsch, Sarah: *Kommt der Schnee im Sturm geflogen. Prosa*, München 2005

Kleutgen, Joseph: *Die Theologie der Vorzeit*, Bd. 1, Münster 1853

Kleutgen, Joseph: *Die Theologie der Vorzeit*, Bd. 3, Münster 1870

Kleutgen, Joseph: *Die Theologie der Vorzeit*, Bd. 4, Münster ²1873

Kongregation für die Glaubenslehre: *Notifikation zu den Werken von P. Jon Sobrino SJ*, unter: www.vatican.va, Suchbegriff: Jon Sobrino

Krochmalnik, Daniel: *Formeln des Monotheismus im Judentum*, in: Jahrbuch für Politische Theologie 4 (2002), S. 81–92

Landwehr, Achim: *Historische Diskursanalyse*, Frankfurt/New York ²2009

Leibniz, Gottfried Wilhelm: *Versuche zur Theodizee. Über die Güte Gottes, die Freiheit des Menschen und den Ursprung des Bösen* [1710], Leipzig 1883

Lessing, Gotthold Ephraim: *Über den Beweis des Geistes und der Kraft,* in: ders., Werke in drei Bänden, München 2003, Bd. III, S. 349–354

Levenson, Jon D.: *Warum Juden sich nicht für biblische Theologie interessieren*, in: Evangelische Theologie 51 (1991), S. 402–430

Levinas, Emmanuel: *Eine Religion für Erwachsene*, in: ders., Schwierige Freiheit. Versuch über das Judentum, Frankfurt am Main 1992, S. 21–37

Levine, Amy-Jill: *The Misunderstood Jew. The Church and the Scandal of the Jewish Jesus*, New York 2006

Levine, Amy-Jill – Brettler, Marc Zvi (Hg.): *The Jewish Annotated New Testament*, Oxford/New York 2011

Lim, Richard: *Public Disputation, Power, and Social Order in Late Antiquity*, Berkeley 1995

Lütz, Manfred: *Gott. Eine kleine Geschichte des Größten*, München 2007

Luther, Martin: *Daß Jesus Christus ein geborner Jude sei. 1523*, in: ders., WA 11 (1900), S. 307–336

Marquardt, Friedrich-Wilhelm: *»Rabbinische« und »dogmatische« Struktur theologischer Aussage, in:* Martin Stöhr (Hg.), Jüdische Existenz und die Erneuerung der christlichen Theologie. Versuch der Bilanz des christlich-jüdischen Dialogs für die Systematische Theologie, München 1986, S. 163–181

Martel, Yann: *Schiffbruch mit Tiger. Roman*, Frankfurt am Main 2001

Marx, Alfred: *Opferlogik im alten Israel*, in: Bernd Janowski – Michael Welker (Hg.), Opfer. Theologische und kulturelle Kontexte, Frankfurt am Main 2000, S. 129–149

McLeod, Hugh: *Die Revolutionen und die Kirche: Die neue Ära der Moderne*, in: Jens Holger Schjørring – Norman A. Hjelm (Hg.), Geschichte des globalen Christentums. 2. Teil: 19. Jahrhundert, Stuttgart 2017, S. 53–158

Metz, Johann Baptist: Gesammelte Schriften, Bd. III/1: *Glaube in Geschichte und Gesellschaft. Studien zu einer praktischen Fundamentaltheologie*, Freiburg 2016

Metz, Johann Baptist: Gesammelte Schriften, Bd. IV: *Memoria passionis. Ein provozierendes Gedächtnis in pluralistischer Gesellschaft*, Freiburg 2016

Metz, Johann Baptist: Gesammelte Schriften, Bd. V: *Gott in Zeit*, Freiburg 2017

Müller, Gerhard Ludwig: *Katholische Dogmatik. Für Studium und Praxis der Theologie*, Freiburg ¹⁰2016

Müller, Karlheinz: Art. *Exegese/Bibelwissenschaft*, in: Peter Eicher (Hg.), Neues Handbuch theologischer Grundbegriffe, Bd. I., München 1984, S. 332–353

Müller, Klaus: *Dogmatik und Exegese*, in: Wort und Antwort 51 (2010/3), S. 7–8

Neander, August: *Das Leben Jesu Christi in seinem geschichtlichen Zusammenhange und seiner geschichtlichen Entwickelung*, Hamburg 1837

Neusner, Jacob: *Ein Rabbi spricht mit Jesus. Ein jüdisch-christlicher Dialog*, München 1997

Nietzsche, Friedrich: *Die fröhliche Wissenschaft (»la gaya scienza«)*, Nr. 125: Der tolle Mensch, Leipzig 1882/1887.

Nietzsche, Friedrich: *Unzeitgemäße Betrachtungen. Zweites Stück: Vom Nutzen und Nachtheil der Historie für das Leben*, Leipzig 1874

Och, Gunnar: *»Ein Rabbi Namens Ephraim«. Judenfeindschaft im Kontext des Fragmentenstreites*, in: Dirk Niefanger – Gunnar Och – Birka Siwczyk (Hg.), Lessing und das Judentum, Hildesheim u. a. 2015, S. 53–71

Oz, Amos: *The 11th Commandment. Amos Oz Reveals His True Faith*, in: The National Library of Israel, 30. 12. 2018, https://blog.nli.org.il/en/amos-oz-reveals-his-faith/?fbclid=IwAR0 (eigene Übersetzung)

Pannenberg, Wolfhart: *Systematische Theologie*, Bd. II, Göttingen 1991

Petzel, Paul: *Christ sein im Angesicht der Juden. Zu Fragen einer Theologie nach Auschwitz*, Berlin/Münster 2008

Porter, Roy: *Kleine Geschichte der Aufklärung*, Berlin 1991

Ratzinger, Joseph: *Einführung in das Christentum. Vorlesungen über das Apostolische Glaubensbekenntnis*, München 1968

Ratzinger, Joseph: *Gnade und Berufung ohne Reue. Anmerkungen zum Traktat »De Iudaeis«*, in: Communio 47 (2018), S. 387–406

Ratzinger, Joseph: *Jesus von Nazareth. Erster Teil: Von der Taufe im Jordan bis zur Verklärung*, Freiburg 2007

Ratzinger, Joseph: *Vi spiego la teologia della liberazione*, in: 30 Giorni (März 1984), S. 48–55

Reimarus, Hermann Samuel: *Apologie oder Schutzschrift für die vernünftigen Verehrer Gottes*, 2 Bde., hg. v. Gerhard Alexander, Frankfurt am Main 1972

Reimarus, Hermann Samuel: *Fragmente des Wolfenbüttelschen Ungenannten*, hg. von Gotthold Ephraim Lessing, Berlin [4]1835

Reimarus, Hermann Samuel: *Von dem Zwecke Jesu und seiner Jünger. Noch ein Fragment des Wolfenbüttelschen Ungenannten*, hg. von Gotthold Ephraim Lessing, Braunschweig 1778

Renan, Ernest: *Vie de Jesus*, Paris 1863. Deutsche Zitate nach der ersten, vom Verfasser autorisierten, anonym erschienenen Übersetzung, Leipzig 1863: *Das Leben Jesu*, Neuaufl. Zürich 1981

Ruge, Arnold: *Ein Besuch bei den Jesuiten*, in: Die Gartenlaube (1872), S. 714.

Said, Edward: *Orientalismus*, Frankfurt am Main [3]2012

Sarasin, Philipp: *Michel Foucault zur Einführung*, Hamburg [4]2010

Schillebeeckx, Edward: *Edward Schillebeeckx im Gespräch*, hg. von Francesco Strazzari, Luzern 1994

Schillebeeckx, Edward: *Jesus. Die Geschichte von einem Lebenden*, Freiburg/Basel/Wien 1975

Schleiermacher, Friedrich: *Über die Religion. Reden an die Gebildeten unter ihren Verächtern*, Göttingen [7]1991

Schmid, Konrad: *Dogmatik als konsequente Exegese? Überlegungen zur Anschlussfähigkeit der historisch-kritischen Bibelwissenschaft an die Systematische Theologie*, in: Evangelische Theologie 77 (2017), S. 327–338

Schüssler Fiorenza, Elisabeth: *Zu ihrem Gedächtnis ... Eine feministisch-theologische Rekonstruktion der christlichen Ursprünge*, München/Mainz 1988

Seewald, Michael: *Dogma im Wandel. Wie Glaubenslehren sich entwickeln*, Freiburg 2018

Sobrino, Jon: *Christologie der Befreiung*, Mainz 1998 (Neuaufl. Ostfildern 2008)

Sobrino, Jon: *Der Glaube an Jesus Christus*, Ostfildern 2008

Sobrino, Jon: *Warum ich nicht unterzeichnen kann. Brief von Jon Sobrino an Ordensoberen Kolvenbach*, unter: http://www.itpol.de/?p=142

Solowjew, Wladimir: *Kurze Erzählung vom Antichrist*, Donauwörth [9]2002

Staubli, Thomas: *Wer knackt den Code? Meilensteine der Bibelforschung*, Düsseldorf 2009

Stegemann, Wolfgang: *Religionsphilologie zwischen Exegese und Konstruktion. Das Beispiel der Bibelwissenschaft*, in: Richard Faber – Susanne Lanwerd (Hg.), Aspekte der Religionswissenschaft, Würzburg 2009, S. 251–274

Stern, David: *Midrash and Theory. Ancient Jewish Exegesis and Contemporary Literary Studies*, Evanston 1996

Strauß, David Friedrich: *Das Leben Jesu, für das deutsche Volk bearbeitet*, Leipzig 1864

Taxacher, Gregor: *Bruchlinien. Wie wir wurden, was wir sind: Eine theologische Dialektik der Geschichte*, Gütersloh 2015

Troeltsch, Ernst: *Die christliche Weltanschauung und ihre Gegenströmungen* (1893/94), in: ders., Gesammelte Schriften, Bd. II, Tübingen 1913, S. 227–327

Troeltsch, Ernst: *Redebeitrag auf der Jahrestagung liberaler Theologen in Eisenach*, zit. nach: Allgemeine Evangelisch-Lutherische Kirchenzeitung, Rubrik »Kleine Mittheilungen«, 1896

Vattimo, Gianni: *Jenseits des Christentums. Gibt es eine Welt ohne Gott?*, München/Wien 2004 (Titel der italienischen Ausgabe: *Dopo la cristianità. Per un cristianesimo non religioso*, Mailand 2002)

Veerkamp, Ton: *Die Welt anders. Politische Geschichte der Großen Erzählung*, Hamburg/Berlin 2012

Voltaire: *Candide oder Der Optimismus* [1759], übersetzt von Stephan Hermlin, Leipzig 2001

Voltaire: *La Philosophie de l'Histoire*, Amsterdam 1765

Wacker, Marie-Theres: *Ecclesia und Synagoga im späten 19. und frühen 20. Jahrhundert. Historische Sondierungen in theologischem Interesse* (Franz-Delitzsch-Vorlesung 2017), Münster 2018

Wienerisches Diarium, 85. und 86. Stück, 23. und 27. Oktober 1779

Wiese, Christian: *Vorwort*, in: Susannah Heschel, Der jüdische Jesus und das Christentum. Abraham Geigers Herausforderung an die christliche Theologie, Berlin 2001, S. 12–18

Wilfred, Felix: *Von der Weltmission zu globalen Formen des Christentums. Eine Perspektive aus dem Süden*, in: Concilium 47/1 (2011), S. 5–18

Wolf, Christa: *Rede, daß ich dich sehe. Essays, Reden, Gespräche*, Berlin 2012

Wyschogrod, Michael: *Gott und Volk Israel. Dimensionen jüdischen Glaubens*, Stuttgart 2001

Zenger, Erich: *Das Jesus-Buch von Benedikt XVI. Im Licht des Alten Testaments*, in: zur debatte 37 (2007/5), S. 29–31

Personenregister

Alexander der Große 153
Anselm von Canterbury 143, 180
Aristoteles 137

Baeck, Leo 86, 145, 180
Baltrusch, Ernst 153, 180
Barnes, Michel R. 126, 180
Barth, Karl 51–52, 82, 180
Bauer, Thomas 63, 180
Baur, Ferdinand Christian 41, 48
Benedikt XVI. 64; siehe auch Ratzinger, Joseph
Bichsel, Peter 35, 173, 175–176, 180
Blaschke, Olaf 91, 180
Blondel, Maurice 51, 180
Boyarin, Daniel 125–126, 147, 180
Brecht, Bertolt 173
Brettler, Marc Zvi 156, 178
Bultmann, Rudolf 49, 152

Childs, Brevard S. 53, 132, 180
Cohen, Hermann 152, 180
Crossan, John Dominic 153, 180
Crüsemann, Frank 147, 181

D'Alembert (Jean-Baptiste le Rond) 18, 181
Damiens, Robert-François 103
Darwin, Charles 29–30, 43
Diderot, Denis 18, 181
Dionysius von Alexandrien 81
Dirscherl, Erwin 177, 181
Dodds, Eric R. 154, 181
Dohmen, Christoph 131, 181
Dostojewski, Fjodor M. 127, 181
Drey, Johann Sebastian von 41
Drobinski, Matthias 64, 181
Duhm, Bernhard 70

Ebeling, Gerhard 53, 181
Ehrlich, Ernst-Ludwig 86
Eleasar ben Arach 130
Eschelbacher, Joseph 75
Ewald, François 109, 163, 181

Feuerbach, Ludwig 43
Fish, Mr. (Dwayne Booth) 96

Flusser, David 159, 181
Foucault, Michel 7, 101–112, 119, 122, 162–163, 181, 185
Frankemölle, Hubert 178, 182
Friedrich Wilhelm IV. 47

Gabler, Johann Philipp 40, 182
Gadamer, Hans-Georg 107, 182
Geiger, Abraham 74–76, 127, 182
Gesenius, Wilhelm 79
Görg, Manfred 131–132, 139, 147–149, 151, 182
Graetz, Heinrich 76, 182
Graf, Friedrich Wilhelm 53, 182
Güdemann, Moritz 75
Gunkel, Hermann 77

Habermas, Jürgen 102, 182
Halter, Marek 134–135, 182
Harnack, Adolf 74–75, 103, 145, 182
Hartom, Menachem Immanuel 128, 182
Hegel, Georg Wilhelm Friedrich 42, 107, 137, 182
Heller, Ágnes 171, 182
Hermes, Georg 79
Heschel, Susannah 69, 72, 76, 182
Hilgenreiner, Karl 91, 182
Hirsch, Samson Raphael 130, 142, 182
Hirscher, Johann Baptist von 41, 79
Holzem, Andreas 42, 182
Huxley, Thomas Henry 30

Johannes XXIII. 83
Johannes Paul II. 64

Kähler, Martin 49–52, 183
Kampling, Rainer 65, 86, 183
Kant, Immanuel 42, 106
Kasper, Walter 170, 183
Kirsch, Sarah 113, 183
Kleutgen, Joseph 44, 79–82, 183
Köstlin, Karl Reinhold von 41
Kolvenbach, Peter Hans 58
Konstantin I. 126

Krochmalnik, Daniel 131, 183
Kyrus 148

Lamennais, Félicité de 72
Landwehr, Achim 111, 183
Leibniz, Gottfried Wilhelm 19, 183
Lessing, Gotthold Ephraim 21, 37, 42, 78, 103, 183–185
Levenson, Jon D. 62, 183
Levinas, Emmanuel 140, 145, 183
Levine, Amy-Jill 156, 178, 183
Lim, Richard 126, 183
Louis Philippe I. 43
Lütz, Manfred 127, 183
Luther, Martin 67, 72

Markion 92
Marquardt, Friedrich-Wilhelm 177, 183
Martel, Yann 156, 184
Marx, Alfred 142, 184
Marx, Karl 43
McLeod, Hugh 45, 184
Mendel, Gregor 110
Metz, Johann Baptist 37, 45, 92, 135, 176, 184
Möhler, Johann Adam 41
Müller, Gerhard Ludwig 84–85, 184
Müller, Karlheinz 53, 184
Müller, Klaus 52, 184
Müntzer, Thomas 135

Neander, August 70, 184
Neusner, Jacob 86–87
Nietzsche, Friedrich 31–33, 44, 122, 184

Och, Gunnar 78, 184
Oz, Amos 166, 184

Pace, Ernest James 48
Pannenberg, Wolfhart 83–84, 184
Parmenides 30
Paul VI. 46
Paulus von Samosata 81
Paulus von Tarsus 49, 51, 62, 113
Petzel, Paul 150, 184
Pius IX. 43, 45

Pius X. 46
Pius XII. 54
Porter, Roy 30, 184
Ratzinger, Joseph 57–65, 85–88, 136, 185; *siehe auch Benedikt XVI.*
Reimarus, Hermann Samuel 20–28, 67–68, 78, 109, 185
Renan, Ernest 71–72, 76, 185
Rousseau, Jean-Jacques 72
Ruge, Arnold 78, 185

Said, Edward 116, 185
Sarasin, Philipp 102, 106, 185
Schillebeeckx, Edward 55, 57, 185
Schleiermacher, Friedrich 69, 185
Schmid, Konrad 40, 66, 185
Schüssler Fiorenza, Elisabeth 144, 185
Seewald, Michael 115, 185
Signer, Michael 86
Sobrino, Jon 55–58, 185
Sokrates 72, 77
Solowjew, Wladimir 59, 185
Soussan, Julian-Chaim 93
Staubli, Thomas 70, 186
Staudenmaier, Franz Anton 41
Stegemann, Wolfgang 37, 64, 186
Stern, David 125, 186
Strauß, David Friedrich 41, 76, 78, 186

Taxacher, Gregor 137, 186
Thomas von Aquin 44–45, 79
Tolstoi, Leo 31
Troeltsch, Ernst 31, 39, 50, 186

Vattimo, Gianni 30–31, 186
Veerkamp, Ton 133, 186
Voltaire 19–20, 186

Wacker, Marie-Theres 90, 186
Wiese, Christian 77, 186
Wilfred, Felix 11, 14, 16, 186
Wolf, Christa 96, 186
Wyschogrod, Michael 136, 186

Zeller, Eduard 41
Zenger, Erich 59, 86, 186

Zum Autor

Norbert Reck, geb. 1961, Dr. theol., ist freier Autor und Übersetzer. Er ist Mitglied im Gesprächskreis Juden und Christen beim Zentralkomitee der deutschen Katholiken. Von 2000 bis 2016 war er verantwortlicher Redakteur der deutschen Ausgabe der internationalen Zeitschrift »Concilium«. Seit seiner Dissertation über die Bedeutung der Zeugnisse von KZ-Häftlingen für die Theologie (1998) steht die Diskursanalyse im Zentrum seiner Interessen, insbesondere die Analyse der Diskurse der Auschwitz-Überlebenden, der Nachkriegstheologie, der Sexualitäten und der Schuldbewältigung zwischen den Generationen. Veröffentlichungen u. a.: *Im Angesicht der Zeugen. Eine Theologie nach Auschwitz* (1998); *Abenteuer Gott. Den christlichen Glauben neu denken* (2003); *Mit Blick auf die Täter. Fragen an die deutsche Theologie nach 1945* (zusammen mit K. v. Kellenbach und B. Krondorfer, 2006); *Hanna Mandel – Beim Gehen entsteht der Weg. Gespräche über das Leben vor und nach Auschwitz* (2008); *Auf der Suche nach der Kirche des Konzils. Texte aus 50 Jahren CONCILIUM* (als Mitherausgeber, 2015); *Von Abba bis Zorn Gottes. Irrtümer aufklären – das Judentum verstehen* (als Mitherausgeber, 2017).

Biblisch glauben

Huub Oosterhuis
Alles für alle
Ein Glaubensbuch für das 21. Jahrhundert

Übersetzt aus dem Niederländischen
von Frank Bestebreurtje

Herausgegeben von Cornelis Kok

240 Seiten
Hardcover mit Schutzumschlag
und Leseband
ISBN 978-3-8436-1014-8

Ein Drittel der Menschen in Deutschland beschreibt sich als »konfessionslos«, vielen ist der erlernte Glaube fremd geworden. Huub Oosterhuis, der bekannte niederländische Theologe und Dichter, wirkt nicht nur durch seine Lieder und Texte, sondern schöpft auch aus seiner jahrzehntelangen Arbeit als Seelsorger in der Begleitung von Menschen. Sein neues Buch ist eine Einladung zum biblischen Glauben – jenseits konfessioneller Trennungen: Wer ist Gott? Wer ist Jesus von Nazaret? Was bedeutet ein Leben aus dem Geist? Ein Buch für Katholiken, Protestanten, Skeptiker und »Ungläubige«.

www.patmos.de

Dialog mit dem Judentum

Von Abba bis Zorn Gottes
Irrtümer aufklären –
das Judentum verstehen

Herausgegeben von Paul Petzel
und Norbert Reck
Herausgegeben im Auftrag des
Gesprächskreises Juden und Christen beim
Zentralkomitee der deutschen Katholiken

208 Seiten
Hardcover mit Leseband
ISBN 978-3-8436-0887-9

Bis heute begegnen alte Pauschalvorstellungen über das Judentum in Gottesdienst und Schule: Eine internationale Gruppe von 34 jüdischen und christlichen Wissenschaftlern hat es gemeinsam unternommen, Irrtümer kompetent aufzuklären: 58 Schlagwörter von A bis Z. Mitwirkende unter anderen: Rabbiner Henry Brandt, Micha Brumlik, Hans Hermann Henrix, Rabbiner Walter Homolka, Hubert Frankemölle, Hanna Liss, Christian Rutishauser, Werner Trutwin, Klaus Wengst, Josef Wohlmuth

www.patmos.de

Zeitgemäß glauben

Tiemo Rainer Peters
Entleerte Geheimnisse
Die Kostbarkeit des christlichen Glaubens

144 Seiten
Hardcover
ISBN 978-3-7867-4017-9

Auch als eBook

In dieser eindringlichen Rechenschaft über den Glauben setzt sich der Münsteraner Fundamentaltheologe Tiemo Rainer Peters (1938–2017) mit zentralen christlichen Geheimnissen wie Erlösung, Auferstehung oder Gnade auseinander. Ohne sie dem Zeitgeschmack anzupassen, verfolgt der Schüler und Weggefährte von Johann Baptist Metz sie bis dorthin, wo sie uns entgleiten und nach einem neuen Verständnis verlangen. Ein Buch, in dem sich Spiritualität und Reflexion begegnen.

www.gruenewaldverlag.de